Der Selbstfürsorge Coach

Wie Sie mit den Powermethoden der Selbstliebe zu einem rundum glücklichen und zufriedenen Leben finden und Ihre Lebensqualität stark steigern (inkl. Übungen und Workbook)

INHALT

Das erwartet Sie in diesem Buch

Fühlen Sie sich oft gestresst? Haben Sie das Gefühl, anderen etwas schuldig zu sein? Würden Sie gern wieder mehr auf sich selbst achten, wissen aber nicht, wo in Ihrem Leben Sie anfangen sollen?

All dies können Anzeichen dafür sein, dass Sie zu wenig Selbstfürsorge praktizieren.

Als Selbstfürsorge bezeichnet man den Umstand, für sich selbst Verantwortung zu übernehmen und durch das Wahrnehmen und Erfüllen der eigenen Bedürfnisse das eigene geistige und körperliche Wohlbefinden zu steigern und zu erhalten. Jeder Mensch weiß um die Relevanz dieses Themas, doch wissen viele nicht, wie genau sie für sich selbst eine Routine aufbauen können, die sie nachhaltig zufriedener macht.

In diesem Ratgeber erhalten Sie Tipps und Tricks, verbunden mit wissenschaftlichen Erklärungen aus Medizin, Psychologie und Soziologie, die Ihnen genau dabei helfen sollen. Sie werden die fünf Ebenen der Selbstfürsorge kennenlernen und herausfinden, wie Sie sie für sich nutzen können. Sie werden verstehen, warum und wie Sie sich selbst sabotieren und wie Sie einfach und alltagstauglich Selbstfürsorge praktizieren können, ohne sich einzuschränken. Trauen Sie sich! Sie sind nur einen Klick davon entfernt, glücklicher zu sein!

Vorwort

Geben Sie das Wort Selbstfürsorge einmal bei Google ein! Sie finden 780.000 Ergebnisse unterschiedlicher Art und tausende verschiedene Definitionen. Hunderte Webseiten, die versprechen, das Rezept für Ihre Selbstfürsorgeroutine entwickelt zu haben und die allumfassende Antwort auf dieses komplexe Thema geben zu können. Ganz zu schweigen von den schier unendlich vielen Büchern, die bereits zu diesem Thema veröffentlicht wurden. Warum also noch einen weiteren Ratgeber zu diesem Thema schreiben, wenn es doch schon so viele gibt und das Internet heutzutage sowieso jeden beliebigen Tipp kostenfrei und auf Knopfdruck zur Verfügung stellt?

Wie gesagt, Selbstfürsorge ist ein komplexes Thema, das sich nicht eindeutig definieren, umschreiben und eingrenzen lässt – allein schon, weil die Antwort so individuell ist wie Sie selbst. Geben Sie sich nicht der falschen Annahme hin, dass die Frage nach Ihrer Selbstfürsorge durch mich oder durch irgendjemanden sonst abschließend beantwortet werden könnte. Die Antwort steckt in Ihnen allein! Dennoch bedeutet das nicht, dass Denkanstöße, Perspektiven oder Ideen, die Sie durch mich oder andere erhalten, nicht hilfreich für Sie sein können.

Wenn Sie sich durch die vielen verschiedenen Internetseiten zu diesem Thema durcharbeiten, werden Sie schnell feststellen, dass sich viele Tipps wiederholen, aber dass die meisten von ihnen recht oberflächlich bleiben und wenig konkret formuliert sind. Das macht es schwierig, sie auf Ihre eigene Situation anzupassen und umzusetzen. Es ist kaum möglich, eine umfassende Antwort auf ein konkretes Problem in nur wenigen Zeilen wiederzugeben, wie das in Blogs oder dergleichen gern suggeriert wird. So schön und sinnvoll die Schlagworte auch klingen mögen, genügen sie doch nicht, um die Vielschichtigkeit der Gedanken des Autors genügend widerzuspiegeln, und erst recht nicht, damit Sie sie nachvollziehen und verinnerlichen können. Deshalb möchte ich versuchen, in diesem Ratgeber sehr detailliert und vor allem praxisnah auf das große Thema „Selbstfürsorge“ einzugehen. Sicherlich kann selbst in einem Ratgeber dieses Umfangs nicht jedes Detail besprochen werden, das es zu dieser Problematik zu sagen gibt. Doch das soll auch nicht der Anspruch sein. Denken Sie mit und ergänzen Sie, belesen Sie sich anderweitig, kommentieren oder widerlegen Sie, was ich sage. Das wird Ihnen helfen, die Materie besser kennenzulernen und sie zu durchblicken. Ich möchte meine Gedanken und Erfahrungen, die ich in meiner eigenen Entwicklung und beim Beobachten anderer kennengelernt habe, ausführlich mit Ihnen teilen, damit Sie aus meinen Fehlern und meinen Erfolgen lernen können. Ich werde versuchen, Ihnen praktische Tipps und Übungen an die Hand zu geben, um eine Routine der Selbstfürsorge aufzubauen und zu festigen, ohne Ihnen vorzuschreiben, wie diese auszusehen hat, denn am Ende müssen Sie sich mit Ihrer Routine wohlfühlen und diese (im besten Fall) täglich umsetzen können. Sie muss Ihre Werte und Prioritäten widerspiegeln. Sie muss zu Ihnen passen!

Dieser Ratgeber soll Ihnen einen Mehrwert im Vergleich zu den vielen Internetseiten bieten, indem er die wichtigsten Aspekte der Selbstfürsorge bündelt und Ihnen fundiertes Wissen aus Medizin, Psychologie und Soziologie vermittelt, das Ihnen helfen kann, sich selbst besser zu verstehen. Er soll Ihnen Zeit ersparen, die Sie, anstatt mit Suchen und Recherchieren, lieber mit sich selbst verbringen sollten. Mein Ziel ist es, Ihnen zu helfen, sich selbst besser kennenzulernen, Ihre Bedürfnisse und Gefühle wahrzunehmen, und sie in eine Routine der Selbstfürsorge einfließen zu lassen, von der Sie jeden Tag profitieren. Ich hoffe, Sie ein Stückchen auf Ihrem Weg begleiten zu können, an dessen Ende Sie gelernt haben, sich selbst zu achten und zu schätzen und sich das auch selbst zu zeigen.

Einleitung

Zerlegt man das Wort Selbstfürsorge in seine Einzelteile, erhält man „Selbst“, „für“ und „Sorge“. Aus rein wortschöpferischer Perspektive steckt in diesem Ausdruck also, für sich selbst Sorge zu tragen. Doch was bedeutet das im praktischen Sinne?

Zieht man verschiedene Seiten des Internets zurate, lässt sich dies darauf herunterbrechen, dass man durch seine innere Haltung und äußere Handlungen Verantwortung für sich selbst, sein körperliches und sein mentales Wohlbefinden übernimmt. Kurz gesagt: Man nimmt sein Glück selbst in die Hand, indem man sich dafür entscheidet, es selbst hervorzubringen. Dazu ein kurzes Gedankenexperiment: Wenn Sie sich einen Zustand des vollkommenen Glücks und der reinen Zufriedenheit ausmalen sollten, wie würde der aussehen?

Innerhalb dieser Vorstellung werden Sie wahrscheinlich schnell feststellen, dass es verschiedene Faktoren gibt, die Ihr Wohlbefinden beeinflussen. Wohlbefinden ist ein vielschichtiger Zustand. Die wichtigste Basis des Glücks ist für die meisten Menschen der Zustand von Gesundheit und die Tatsache, satt und sicher zu sein. Äußerlich wollen wir uns an einem Ort befinden, an dem wir uns wohlfühlen, mit Menschen, die wir schätzen, und ohne Pflichten, die uns unter Druck setzen. Und innerlich wollen wir uns ausgeglichen und optimistisch gestimmt fühlen, wollen geliebt werden und uns nicht verstellen müssen.

Es gibt also viele verschiedene Faktoren, oder anders gesagt Ebenen, auf denen wir uns wohlfühlen müssen, um uns glücklich und zufrieden zu fühlen – und wenn da was dran ist, dass wir selbst dafür verantwortlich sind, diesen Zustand zu erreichen, muss es irgendwie möglich sein, diese Ebenen so zu beeinflussen. Aber wo sollten Sie anfangen? Einfach irgendwo? Während meiner Recherchen zum Thema Selbstfürsorge habe ich festgestellt, dass sich alle Faktoren, die mein Glück und mein Wohlbefinden beeinflussen, auf fünf Basisebenen herunterbrechen lassen. Nur fünf!

Deshalb habe ich mich entschieden, auch diesen Ratgeber nach diesen fünf Ebenen zu strukturieren, um Ihnen Schritt für Schritt die zugehörigen Faktoren zu erklären und Ihnen jeweils Tipps mitzugeben, was Sie tun können. Jeden Tag, an jedem Ort, zu jeder Zeit, um Ihre Selbstfürsorge ganz natürlich in Ihr Leben zu integrieren. Welche sind nun diese Ebenen genau? Was gehört dazu, was kann ich tun und wie finde ich heraus, was für mich funktioniert?

Diese Fragen werden wir im Laufe dieses Ratgebers beantworten. Beispielsweise ist ein Tipp, den ich auf besagten Internetseiten immer wieder gelesen habe: „Nehmen Sie sich Zeit für ein entspannendes Bad.“ Ganz so leicht wird es in diesem Ratgeber leider nicht werden. Diese Art von Tipp ist recht oberflächlich und wird Ihnen vielleicht kurzzeitig die Stimmung heben, aber nicht nachhaltig dazu führen, dass Sie glücklicher mit Ihrem Leben sind. Am Tag darauf werden Ihre Pflichten, Aufgaben und Deadlines Sie noch genauso stressen wie davor. Wir wollen tief in die Ebenen eindringen und lernen, etwas an unserer inneren Haltung gegenüber den Dingen zu ändern.

Der Schlüssel zum Glück liegt darin, dass wir versuchen, das Bestmögliche aus den Dingen herauszuholen. Wir sollten aufhören, Widerstand gegen das zu leisten, was sich nicht verändern lässt. Ein kleines „Self-Care-Ritual“ wie ein heißes Bad kann diese Prozesse vielleicht unterstützen, doch es wird sie nicht ersetzen. Dementsprechend ist Selbstfürsorge auch Arbeit - anstrengende, strapaziöse Arbeit. Sie verlangt von uns eine Änderung unseres Denkens und unserer alten Gewohnheiten. Doch am Ende wird sich all das mehr und nachhaltiger auszahlen als jedes entspannende Bad auf der Welt!

DIE RELEVANZ DER SELBSTFÜRSORGE

Ein Mensch, der nicht genügend Schlaf und Ruhephasen bekommt, wird krank. Das wissen Sie sicher aus eigener Erfahrung. Wir sind nicht dafür gemacht, jeden Tag auf unserem höchsten Leistungslevel zu arbeiten – wir brauchen Aktivitätsphasen genauso wie Entspannungsphasen. Phasen, in denen unser Gehirn abschalten und unser Körper regenerieren kann, die Stresshormone wieder auf ein normales Niveau abfallen. Wir brauchen Pausen, in denen wir uns vollkommen auf uns und unsere Bedürfnisse konzentrieren können.

Vielleicht haben Sie aber auch schon festgestellt, dass viele Menschen mit den Augen rollen, sobald man das Thema Selbstfürsorge anspricht, und abwehrend reagieren, mit der Antwort sie würden schon genug für sich selbst tun. In einigen Fällen mag das sicherlich stimmen, doch viel zu oft fällt auf, dass gerade diese Menschen am allerwenigsten für sich selbst tun und ihrem Körper und ihrer Seele gegenüber sehr wenig Verantwortung zeigen. Sie sollten nicht genervt davon sein, dass Ihr Körper und Ihr Geist Pausen brauchen! Respektieren Sie das und kommen Sie dem nach!

Ein bisschen erscheint es dennoch verständlich, denn innerhalb der letzten Jahre ist das Thema Selbstfürsorge ein Trend geworden, der hinter jeder Ecke lauert. Werbe- und Marketingagenturen schlachten ihn aus, um alle möglichen Produkte zu bewerben, die vermeintlich unser Wohlbefinden und unsere Leistungsfähigkeit steigern sollen: von Nahrungsergänzungsmitteln und Superfoods bis hin zu Aromaduftkerzen für ein besseres Raumklima und Liegematten, die über elektromagnetische Impulse die Durchblutung und damit die Stimmung verbessern und Stress minimieren sollen. Hinter den meisten dieser Produkte und ihren Versprechen steht kaum bis keine solide wissenschaftliche Beweiskette und die Wirksamkeit steht und fällt mit dem Glauben daran – ganz im Sinne des Placeboeffekts. Leider haben viele Menschen bereits schlechte Erfahrungen gemacht mit derartigen Produkten, sodass sie das Vertrauen in deren Hilfe und Wirkung verloren haben, und sie sind dementsprechend misstrauisch, was Versprechen angeht.

Andererseits gibt es auch Menschen, die bereits verschiedene Tipps aus dem Internet oder Büchern ausprobiert haben, aber sie haben nicht geholfen. Die Gründe dafür sind vielfältig: Die betreffende Person glaubt tief im Inneren nicht daran, dass dieser Tipp funktionieren kann, und sie war nur mit halbem Herzen dabei. Sie hat den Tipp nicht richtig oder nicht lange genug umgesetzt und konnte deshalb noch keine Veränderung spüren. Oder vielleicht passte der Tipp schlicht und einfach nicht zu ihrer Persönlichkeit oder ihrem Problem.

Was wir vergessen, ist, dass Selbstfürsorge ein dauerhafter und dynamischer Prozess ist. Es ist nicht damit getan, einmal in der Woche oder einmal im Monat oder vielleicht sogar nur einmal im Jahr etwas für uns selbst zu tun. Die Herausforderung für viele ist dabei, dass wir gerade in Deutschland in einer Leistungsgesellschaft leben, die stärker ausgeprägt kaum sein könnte. Ständig haben wir das Gefühl, mehr tun zu müssen, mehr schaffen zu müssen, mehr arbeiten zu müssen, um Anerkennung zu bekommen. Drastisch ausgedrückt wird uns suggeriert, zwei Wochen Urlaub in einem schönen Hotel müssten genug sein, um uns von den restlichen 50 Wochen Arbeit im Jahr zu erholen,dass uns mehr Zeit für uns selbst nicht zusteht, weil wir dann kein anerkanntes Mitglied der Gesellschaft mehr sein können. Wer nicht leistungsfähig ist, wird aussortiert.

Dabei ist der wichtigste Faktor in der Selbstfürsorge die Regelmäßigkeit in kurzen Abständen. Eine tägliche kurze Routine ist deutlich effektiver als lange Erholungsphasen in großen zeitlichen Abständen. Und das dürfen Sie sich erlauben! Sie sind keine Maschine, die immer auf Hochleistung laufen muss. Sie brauchen Regenerationsphasen ebenso wie Leistungsphasen, um eine innere Balance herzustellen. Diese Hypothese, dass eine regelmäßige, selbstfürsorgliche Routine sowohl kurz- als auch langfristige positive Konsequenzen für den Menschen hat, ist inzwischen durch zahlreiche medizinisch- und psychologisch-klinische Studien bewiesen worden.

So fand beispielsweise die Universität Koblenz heraus, dass die Teilnehmer einer Untersuchung bereits nach sechs Wochen täglicher Entspannungsübungen und Selbstfürsorge deutlich geringere Level an Stresshormonen wie Kortisol und Adrenalin zeigten als die Kontrollgruppe. Auch das subjektive Stressempfinden war verringert und die psychische Erschöpfungsschwelle lag höher. Dieser Effekt wurde nach drei Jahren erneut gemessen – und auch hier zeigten die Probanden der Interventionsgruppe die besseren Ergebnisse. Tatsächlich traten auch psychische Folgeerkrankungen von Stress, wie Depressionen und Burn-out, signifikant seltener auf.

Diese Erkenntnis ist für verschiedene Bereiche von großer Bedeutung: Psychische Erkrankungen machen in Deutschland rund ein Viertel der Fehltage am Arbeitsplatz aus – das Burn-out-Syndrom hat daran einen Anteil von etwa fünf Prozent. Klingt erst einmal wenig, doch hochgerechnet ergaben sich daraus allein im Jahr 2019 4,3 Millionen Krankheitstage unter den Arbeitnehmern mit steigender Tendenz – ein für die Wirtschaftlichkeit von Unternehmen und auch die Krankenkassen sehr bedeutender Wert.

Entsprechend wird rein statistisch gesehen in Deutschland jeder Vierte in seinem Leben eine psychische Krankheit entwickeln. Die Wahrscheinlichkeit ist also hoch, dass Sie und/oder jemand aus Ihrem näheren Umfeld betroffen sein werden oder vielleicht auch schon sind. Haben Sie das gewusst? Welchen Grund könnte es also geben, nicht alle Möglichkeiten auszuschöpfen, dieses Ereignis zu umgehen oder zumindest abzumildern? Übernehmen Sie Selbstverantwortung für sich! Im Lauf dieses Buches werden Sie erkennen, dass Selbstfürsorge nicht immer zeitaufwendig sein muss, dass sie nichts kosten und auch nicht lästig sein muss. Sie werden lernen, alte Routinen aufzubrechen, sie neu zu schreiben und am Ende sicherlich in der Lage sein, den Skeptikern und Augenverdrehern sinnvolle Argumente entgegenzusetzen. Und vielleicht schaffen Sie es sogar, den einen oder anderen von der Sinnhaftigkeit einer selbstfürsorglichen Routine zu überzeugen. Je mehr Menschen auf sich selbst achten, desto mehr zufriedene Menschen gibt es. Und je mehr zufriedene Menschen es gibt, desto besser!

„DAS VOLLE GLAS" – EIN MODELL

Vorangehend habe ich Ihnen kurz umrissen, welche Relevanz das Thema Selbstfürsorge in der Gesellschaft hat und welche Rolle es auch für Sie spielen kann. Dennoch neigen wir dazu, im Trubel des Alltags unseren Pflichten einen höheren Stellenwert einzuräumen als unseren eigenen Bedürfnissen. Termine, Abgabefristen und die Erwartungen anderer üben einen enormen Druck auf uns aus. Wir meinen, dem standhalten zu müssen, da die Konsequenzen oft auf kurze Sicht unangenehmer sind als das Weglassen unserer Zeit für uns. Wir wollen niemanden enttäuschen. Und wer würde schon gern seinem Chef erklären, dass er das wichtige Protokoll nicht fertigstellen konnte, weil er damit beschäftigt war, ein Buch zu lesen, das schon lange im Regal stand?

Der Mensch hat die unglaubliche Fähigkeit, kognitiv zu denken, Konsequenzen abzuschätzen und sich die Zukunft vorstellen zu können. Und trotzdem ist sein Handeln häufig nur getrieben von den Konsequenzen, die in naher Zukunft auf ihn warten. Diese Tatsache erklärt, warum wir Dinge, die uns zwar langfristig nutzen werden, aber in naher Zukunft keinen Erfolg versprechen, oft hintenan stellen. Oder warum wir umgekehrt Dinge tun, deren negativer Folgen wir uns zwar bewusst sind, aber die uns jetzt für einen Augenblick mit Glücksgefühlen erfüllen – getreu dem Motto: Der Spatz in der Hand ist besser als die Taube auf dem Dach. Wir kaufen beispielsweise Dinge, die wir gar nicht brauchen, weil sie uns für einen Moment ein Lächeln schenken, wissen aber, dass dadurch nächsten Monat das Geld für die Miete knapp wird. Wir trinken jeden Abend zwei Gläser Wein, obwohl wir wissen, dass wir unserer Leber damit nichts Gutes tun. Oder wir schieben den Sportkurs doch noch einen Monat auf, weil die Arbeit gerade all unsere Zeit verlangt. In unserem Kopf wissen wir um die negativen Folgen – warum also fällt es uns so schwer, diese Handlungsmuster abzulegen? Sie haben es sicher bereits am eigenen Leib erfahren, dass Sie nur eine begrenzte Menge an Energie in sich tragen – ist diese Energie verbraucht, geraten Sie in einen Zustand der Erschöpfung. Sie werden müde, unkonzentriert und antriebslos. Sie können sich nicht mehr aufraffen, Ihren Verpflichtungen nachzukommen, und Sie wollen einfach nur mal nichts tun.

Das ist der Moment, in dem Ihr Körper oder Ihre Psyche eine Pause einfordern, die schon zu lange überfällig ist, und zwar auf eine Weise, der Sie sich nicht mehr entziehen können. Vielleicht ist dieser Zustand bei Ihnen dann sogar so ausgeprägt, dass Sie das Bett nicht mehr verlassen können, dass Sie einen emotionalen Zusammenbruch erleiden oder Sie krank werden, weil Ihr Immunsystem zu geschwächt ist. Ihr Körper nimmt sich seine Regenerationsphasen. Er braucht zwangsläufig diese Zeiten der Ruhe, in der er seine Speicher wieder auffüllen kann, genau wie die Phasen der Aktivität. Ihre körperliche sowie Ihre psychische Gesundheit lebt von der Abwechslung dieser Gegensätze: Anspannung und Entspannung; Stress und Ruhe; Lärm und Stille.

Doch wie sinnvoll ist es, sich jedes Mal bis an den Rand der Erschöpfung zu bringen? Ihrem Körper so viel abzuverlangen, bis er nicht mehr anders kann, als sich seine Regeneration einzufordern? Wäre es nicht besser (und auch gesünder), schon vorher Ihre Energiespeicher wieder aufzufüllen, am besten jeden Tag ein bisschen, sodass Sie gar nicht bis zum Zusammenbruch kommen?

Vielleicht hilft Ihnen eine kleine **Übung zur Visualisierung** dieses Prozesses: Stellen Sie sich folgenden Sachverhalt vor: Es gäbe in Ihnen ein Glas, das all Ihre Energie enthält. Es ist das Gefäß, in dem Sie Ihre Ressourcen lagern, die Quelle, aus der Sie Ihre Kraft für all Ihre Gedanken, Ihre Handlungen und Ihre Entscheidungen schöpfen. Die verschiedenen Pflichten in Ihrem Leben, die Dinge, die Sie tun, die Entscheidungen, die Sie treffen, all das entzieht Ihnen Energie - und das Glas wird leerer. Immer leerer, bis schließlich nichts mehr drin ist. Das ist der Moment der Erschöpfung. Um das zu verhindern, müssen Sie Wege finden, mithilfe derer Sie das Glas wieder füllen können. Sie brauchen Quellen, die Ihnen Energie schenken, die Sie stärken, die Ihnen Ihre Motivation und Ihren Antrieb wieder zurückgeben, anstatt sie Ihnen zu entziehen.

Was können das für Quellen sein?

Das ist für jeden etwas anderes: Der eine bezieht seine Energie vielleicht aus einer Meditation, der andere liest ein inspirierendes Buch, der Nächste wiederum macht Sport und der Letzte kocht sich etwas Leckeres. Und Sie? Sie setzen sich vielleicht mit einem Tee auf den ruhigen Balkon und genießen die frische Luft. Es gibt kein einheitliches Rezept - horchen Sie in sich hinein und finden Sie Ihre Energiequelle!

Das Ziel dieses gedanklichen Experiments ist es, Ihnen begreiflicher zu machen, dass Ihre Ressourcen begrenzt sind. Vielleicht haben Sie ein größeres Glas als andere, aber auch Ihre Energie ist nicht unendlich. Tagtäglich wird Ihnen Energie entzogen und es ist Ihre Aufgabe, das Glas wieder neu aufzufüllen - und diese Dinge, die Ihnen Energie in Ihr Glas zurückgeben, sind ein Teil Ihrer Selbstfürsorge.

Leider versuchen wir zu oft, unser Glas über oben beschriebene Handlungen wieder aufzufüllen, die uns kurzfristig eine Portion Dopamin verschaffen, uns dafür aber auf Dauer schaden - also etwa das zusätzliche Glas Wein oder die Schuhe, die wir uns eigentlich nicht leisten können. Wir reden uns ein, uns damit etwas zu gönnen, schließlich hätten wir so viel geleistet, dass uns das zustehen würde. In Wahrheit nehmen wir uns nur Energie, die wir in der Zukunft brauchen würden, zum Beispiel um unsere Gesundheit aufrechtzuerhalten oder für die zusätzlichen Überstunden, die wir zum Abbezahlen der Rechnung machen müssen. All die Energie, die wir uns aus der Zukunft borgen, trägt ein Preisschild. Vergessen Sie das nicht, wenn Sie das nächste Mal zur Weinflasche greifen!

Um ein Gleichgewicht in Ihrem Glas herzustellen, ist es wichtig, dass Sie sich bewusst machen, was Ihrem Glas Energie nimmt und was es wieder befüllt. Aus welchen Situationen kommen Sie heraus und denken, dass Sie jetzt erst einmal eine Pause gebrauchen könnten? Was macht die Tage aus, an denen Sie nach Hause kommen und sich völlig erschöpft fühlen? Bei welchen Menschen haben Sie immer wieder das Gefühl, dass Sie sie eigentlich gar nicht mehr sehen wollen, weil die Treffen nur anstrengend sind? Das sind die Dinge, die Ihnen Energie rauben.

Einfach zu sagen wäre: „Das zieht mir nur Energie, das mache ich nicht mehr!" Leider können wir das bei vielen Pflichten aber nicht – sie sind Teil unserer Arbeit, es sind Aufgaben, die wir für unsere Kinder erledigen müssen oder die auf irgendeine andere Art und Weise unumgänglich sind. Doch in diesen Fällen macht unsere Einstellung uns das Leben entweder schwerer oder leichter. Daher ist es essenziell, dass wir mit diesen Situationen umzugehen lernen und unliebsame Pflichten auf eine Weise zu erledigen, die uns möglichst wenig Energie entzieht. Und noch wichtiger ist es, einen guten Ausgleich zu schaffen, indem wir uns die investierte Energie wieder zurückholen: durch selbstverantwortliches, selbstfürsorgliches Handeln. Dafür müssen wir uns das Gegenteil fragen: Aus welchen Situationen kommen wir energetisch geladen und voller Tatendrang heraus? Wie können wir uns eine Routine schaffen, die möglichst viele Situationen enthält, die uns guttun, damit wir den Herausforderungen gewachsen sind und auch in Zukunft bleiben?

GRENZEN DER SELBSTFÜRSORGE

Balance ist in allen Bereichen des Lebens essenziell. Selbstfürsorge zu betreiben, ist ohne jeden Zweifel wichtig. Doch genau wie für alles andere im Leben gibt es auch Grenzen, deren Überschreitung nichts mehr damit zu tun hat, für sich selbst Verantwortung zu übernehmen, sondern nur dazu da sind, Verhaltensweisen zu rechtfertigen, die Ihnen und anderen auf lange Sicht nicht guttun.

Wo ist der Punkt, an dem Selbstfürsorge in Maßlosigkeit und Egoismus übergeht?

Ein **Beispiel**: Sie befinden sich in einer Beziehung und Sie haben Streit mit Ihrem Partner. Anstatt ein auf den ersten Blick vielleicht anstrengendes, energieziehendes Gespräch zu führen, entschließen Sie sich aber, es auf die lange Bank zu schieben, sich zurückzuziehen und erst einmal zum Sport, danach mit Freunden etwas essen und anschließend früh ins Bett zu gehen, weil Sie durch die Unternehmungen müde sind. All dies können für Sie Akte der Selbstfürsorge sein und Ihnen vielleicht auch guttun. Leider vergessen Sie darunter, dass sich Probleme, Wut und Enttäuschung in dieser Zeit aufstauen und verfestigen, in denen Sie versuchen, ihnen aus dem Weg zu gehen. Das Selbstfürsorglichste, das Sie in dieser Situation also tun könnten, wäre, ein ehrliches Gespräch zu führen. Es könnte Ihnen in Zukunft eine Menge Probleme und Streit ersparen - aber Sie tun es nicht, einfach nur, weil es auf kurze Sicht anstrengender erscheint.

Abgesehen davon, dass ein Gespräch womöglich für Sie selbst einen Vorteil bringen würde, ist es Ihrem Partner gegenüber egoistisch, es aufzuschieben. Vielleicht möchte er gern darüber sprechen und die Auseinandersetzung beenden. Vielleicht ist Ihr Schweigen für ihn unerträglich, und je länger Sie beide Ihre Gefühle in sich hineinfressen und nicht loswerden, desto tiefer vergraben Sie den Groll in sich, und desto schwieriger wird es später werden, ihn wieder loszuwerden.

Kurz gesagt: In manchen Situationen sabotieren wir uns durch falsche, vermeintliche Selbstfürsorge selbst, handeln egoistisch und zerstören oder schädigen dadurch Beziehungen zu Menschen, die uns wichtig sind. Wir tun das nicht absichtlich, aber können diese Verhaltensweisen an uns selbst oft nicht erkennen. Dafür müssen wir lernen, einen Schritt zurückzutreten und die Situation objektiv zu betrachten.

Eine weitere Situation, in der wir uns gern einreden wollen, selbstfürsorglich zu handeln, ist, wenn wir ein eigentlich selbstschädigendes Verhalten bis hin zu Suchtverhalten vor uns selbst versuchen zu rechtfertigen. Rauchen oder Alkoholkonsum sind Beispiele dafür, die jeder Mensch in mehr oder minder ausgeprägter Form kennt. Bestimmt kennen Sie bei sich auf der Arbeit auch jemanden, der immer wieder zehnminütige Zigarettenpausen mit der Begründung einlegt, er brauche das, um mal kurz durchzuatmen und wieder zur Ruhe zu kommen. An sich ist an diesem Ansinnen nichts auszusetzen: Wer einem stressigen Job ausgesetzt ist, sollte sich hin und wieder eine Pause gönnen und kurz Kraft tanken. Doch würde das auch funktionieren, ohne sich dabei eine Zigarette anzuzünden, oder? In diesem Fall versucht die Person (meistens), sich ihre Sucht schönzureden und zu rechtfertigen, vor sich selbst und vor anderen. Tief im Inneren ist ihr sicher bewusst, dass diese Pausen nur zur Konsumbefriedigung da sind und dass sie nichts mit Selbstfürsorge zu tun haben. Die Person weiß, dass sie ihr auf lange Sicht sogar schaden werden. Gegen diese Erkenntnis zu handeln, trägt entsprechend nicht zur Steigerung des Wohlbefindens auf einem tiefen Level bei, sondern soll nur die kurzfristigen, körperlich negativen Folgen verhindern. Wenn Sie erst einmal anfangen, darüber nachzudenken, werden Sie feststellen, dass es eine Menge Situationen gibt, in denen wir denken, etwas für uns selbst zu tun, obwohl es sich eigentlich eher um ein vermeidendes oder gar egoistisches Verhalten handelt. Das ist an sich nichts Schlimmes, jeder Mensch handelt gelegentlich egoistisch. Es liegt in unserer Natur. Doch müssen wir lernen, die Unterscheidung zu treffen zwischen wirklicher Selbstfürsorge, die wir praktizieren, um unsere Energiespeicher aufzufüllen, und selbstsüchtigem Handeln, das unserer inneren Gier oder Faulheit entspringt und lediglich unserer Bereicherung dient. Wie Sie das herausfinden und dagegen angehen können, werde ich Ihnen im weiteren Verlauf noch genauer erläutern.

WAS SIE JETZT ERWARTET

Was gehört nun dazu, sich um sich selbst zu kümmern, Eigenverantwortung zu übernehmen und das eigene körperliche und mentale Wohlbefinden zu stärken und nachhaltig zu verbessern? Ein kompliziertes Thema komprimiert und verständlich zusammenzufassen, ist nicht immer einfach.

Aufgrund meiner Erfahrung am eigenen Leib, Beobachtungen, meiner Recherche und Erkenntnissen aus verschiedenen Fachdisziplinen, die sich damit beschäftigen, was zu einer gelungenen Selbstfürsorge gehört, habe ich versucht, die wichtigsten Themen und Schritte zu eruieren und daraus praktische Tipps für Sie abzuleiten, die Sie alltagstauglich umsetzen können. Wie ich früher schon erklärt habe, habe ich versucht, so viele Faktoren wie möglich in fünf Ebenen zusammenzufassen. Zu diesen Ebenen gehören für mich:

- Die Körperebene
- Die Gefühlsebene
- Die Beziehungsebene
- Die Pflichtebene
- Die Authentizitätsebene

Wir werden uns alle fünf Ebenen detailliert ansehen und daraus ableiten, welche Relevanz sie für Ihr Leben haben, inwiefern sie für unsere Selbstfürsorge wichtig sind und wie Sie praktisch Veränderungen vornehmen können, um sich besser um sich selbst zu kümmern. Ich werde Ihnen Belege aus Wissenschaft und Forschung mitgeben und auf Studien verweisen, falls Sie sich mit speziellen Themengebieten genauer beschäftigen möchten.

Doch das Wichtigste ist, dass Sie am Ende dieses Ratgebers einen möglichst großen Mehrwert für Ihr tägliches Leben ziehen können und möglichst alltagstaugliche Tipps bekommen, die Sie schnell und einfach umsetzen können, ohne sich zu verbiegen. Dafür werde ich Ihnen im Rahmen dieses Buches immer wieder kleine Aufgaben stellen, die Sie aktiv bearbeiten können. Einerseits dienen diese der Bewusstwerdung von Problemen und deren Lösungen, von Gedankenprozessen und Erfolgen, andererseits werde ich Ihnen am Ende einen Vier-Wochen-Plan beschreiben, der Ihnen helfen soll, die Tipps und neuen Routinen in Ihren Alltag zu integrieren –

wozu Sie die bearbeiteten Aufgaben brauchen werden.

Theoretisch können Sie auch zuerst das Buch lesen und dann am Ende alle Aufgaben bearbeiten, doch ich habe die Erfahrung gemacht, dass man viele spontane Gedanken schnell wieder vergisst und der Profit dadurch geschmälert werden kann. Deshalb empfehle ich Ihnen: Nehmen Sie sich die Zeit. Halten Sie immer wieder inne und denken Sie über die gestellten Aufgaben nach. Es wird Sie nicht viel Zeit kosten, aber Ihnen am Ende wirklich etwas bringen.

Die Körperebene

„In einem gesunden Körper wohnt ein gesunder Geist.“

Dieses - recht frei übersetzte - Zitat stammt ursprünglich von einem römischen Satiriker und Dichter namens Juvenal. Er wurde etwa 60 nach Christus geboren, das Zitat ist also beinahe 2000 Jahre alt. Und kaum einer wird bestreiten, dass die beiden Zustände zusammenhängen und sich gegenseitig gewaltig beeinflussen. Natürlich ist es ein bisschen pauschal ausgedrückt, immerhin kann auch ein todkranker Mensch eine gesunde Psyche behalten und lebensfroh und glücklich sein, doch kennt es sicherlich auch jeder, dass es deutlich schwieriger ist, die gute Laune aufrechtzuerhalten, wenn der Körper durch ein Problem beeinträchtigt ist.

Auch wissenschaftlich ist der Zusammenhang bereits gut belegt. In der Medizin gibt es ein ganzes Fachgebiet, das sich mit der Korrelation zwischen körperlichen und psychischen Erkrankungen befasst: die Psychosomatik. Sprechen Sie mit einem Facharzt dieses Gebiets, wird er Ihnen klar bestätigen, dass das körperliche Wohlbefinden stark mit dem der Seele gekoppelt ist, dass also beispielsweise eine Krankheit des physischen Körpers einerseits eine ganze Reihe von psychischen Störungen auslösen kann, andersherum aber auch ein psychisches Problem Schmerzen oder andere körperliche Symptome hervorrufen kann, ohne durch ein organisches Korrelat erklärbar zu sein.

Auch zahlreiche Studien belegen das: So zählen beispielsweise Anpassungs- und Angststörungen sowie Depressionen und posttraumatische Belastungsstörungen zu den häufigsten Begleiterkrankungen bei Krebspatienten und werden häufig als belastender empfunden als die körperlichen Symptome. Natürlich spielen hier verschiedene Faktoren eine Rolle, aber im Allgemeinen gilt, dass je schlechter die Prognose ist und je mehr die

Patienten der Studie mit schweren Leiden und Schmerzen und einer Bedrohung des Lebens belastet waren, desto häufiger und schwerer waren auch die Verläufe ihrer psychischen Krankheiten.

Ähnliche Ergebnisse brachte eine Studie, die den Zusammenhang zwischen der Krankheit Adipositas und psychischen Erkrankungen untersuchte. Auch hier fiel auf, dass einerseits übergewichtige Probanden deutlich häufiger an Depressionen litten und auch Suizidversuche öfter vorkamen als bei der Vergleichsgruppe, andererseits aber auch hier die psychische Belastung die Ursache für die Adipositas sein konnte.

Die Verbindung zwischen körperlichem und seelischem Wohlbefinden ist auch in der Neurobiologie längst kein Mysterium mehr: Beschäftigt man sich beispielsweise mit der Physiologie von Schmerzen und sucht die zugehörigen Nervenbahnen im Rückenmark auf, die für die Weiterleitung von Schmerzreizen zum Gehirn zuständig sind, findet man auch einen nicht unerheblichen Teil an Fasern, die auf Höhe des Hirnstamms abzweigen und zum limbischen System führen. Das limbische System ist ein komplexes Netz im Zentrum des Gehirns. Es besteht aus verschiedenen, über Milliarden von Neuronen miteinander verschalteten, Hirnregionen, die ganz allgemein ausgedrückt, für die Entstehung und Verarbeitung von Gefühlen verantwortlich sind. Es ist der Ort, an dem die körperlichen Symptome bewertet werden, die Schnittstelle zwischen Körper und Psyche. Hier ist also der Kern dessen lokalisiert, was uns hilft, mit körperlichen Beschwerden fertigzuwerden – oder nicht.

Natürlich spielen Stigmatisierung oder die Konfrontation mit der eigenen Sterblichkeit eine große Rolle in der Entstehung psychischer Probleme in Zusammenhang mit derart schwerwiegenden Erkrankungen wie in den beiden Studien. Trotzdem ist dieser Prozess ein multifaktorielles Geschehen und wir haben verschiedene Stellschrauben, derer wir uns bedienen können, um mit unserer Situation besser oder schlechter umgehen zu können. Unsere Launen und gegenwärtigen Gefühle spielen eine große Rolle in der Bewertung von Umständen – und wenn wir es schaffen, sie zu beeinflussen, haben wir auch einen großen Einfluss darauf, wie wir im großen Stil mit Problemen umgehen.

Aber auch unabhängig von lebensbedrohlichen Problemen sind unser Körper und unsere Psyche eng miteinander verknüpft. Es ist doch so: Wenn wir unser Inneres verändern möchten, ist meist unser Äußeres als Erstes dran. Haben Sie es nicht auch schon beobachtet, dass die Freundin, die gerade durch eine Scheidung geht, plötzlich einen neuen Haarschnitt hat, den sie vorher nie getragen hätte? Irgendwie auch logisch, denn das ist eines der Dinge, die wir am schnellsten realisieren können, wenn wir uns von unserem alten Ich trennen wollen.

Doch unser Haarschnitt, unser Make-up oder unser Gewicht sind nur Teile eines Ganzen: unseres Körpers. Er ist unsere Hülle. In ihm wohnen wir, mit ihm müssen wir uns wohlfühlen und ihn akzeptieren. Mit all seinen Fehlerchen, denn, wie Sie vorangehend gesehen haben, ist sein Wohlbefinden kaum bis untrennbar mit dem Wohlbefinden unseres Geistes gekoppelt. Deshalb stellt auch er die erste Ebene dar, um die wir uns kümmern sollten, wenn wir für uns selbst Sorge tragen wollen, ausgeglichener und glücklicher werden wollen.

SPORT

Wie also können wir unseren Körper optimal unterstützen, damit er ein gesundes Gerüst für unsere Seele sein kann?

Die Antworten klingen auf den ersten Blick etwas abgedroschen – ja, wahrscheinlich werden Sie innerlich die Augen verdrehen, weil es eigentlich klar ist: Sport, Ernährung und Regeneration.

Doch bitte legen Sie das Buch nicht gleich zur Seite! Ich möchte Ihnen in diesem Kapitel keine aufgewärmte Suppe an miesen Ratschlägen geben, die Sie auf jeder Internetseite finden können. Ich möchte versuchen, die drei Aspekte von einem neuen Blickwinkel aus zu betrachten, und versuchen,

Ihnen meine Einstellung nahezubringen. Für mich war es wie für Sie, als ich mich mit dem Thema auseinanderzusetzen begann. „Weiß man doch alles schon", dachte ich. Aber mit der Zeit und der regelmäßigen Praxis meiner Selbstfürsorgeroutine habe ich meine Gedanken ein wenig geändert – und vielleicht können Sie davon profitieren!

- Betreiben Sie Sport?
- Wenn ja, welche Sportart? Und warum gerade diese Sportart?
- Wenn nein, warum nicht? Was hält Sie ab?

Es ist allgemein bekannt, dass Sport beziehungsweise Bewegung gut für unseren Körper ist. In der Medizin hat diese Erkenntnis in den letzten Jahrzehnten einen starken Wandel bewirkt. War es damals noch der klassische Rat, dass Patienten sich möglichst lange schonen sollten, Bettruhe hielten und verletzte oder malträtierte Körperteile ruhigstellten, verfolgt man heute die Strategie, die Patienten so schnell wie möglich zu mobilisieren. Sie sollen das Bett am besten noch am Tag der Operation verlassen, so viel wie möglich selbst erledigen, Physiotherapie machen und insgesamt einfach wieder auf die Beine kommen, so schnell es geht.

Es gibt inzwischen sogar Studien, die belegen, dass lange Krankenhausaufenthalte und lange Immobilisierung psychische Erkrankungen erst hervorrufen können: Das Phänomen nennt sich Post-Hospital-Syndrom und ist geprägt durch Desorientiertheit, Angststörungen und Traumata. Auch ist es bewiesen, dass durch Sport und gesunde Ernährung viele Krankheiten in ihrer Progression aufgehalten werden können oder sogar remittieren. Welchen Grund könnte es also geben, keinen Sport zu machen? Deshalb ganz zu Anfang ein Tipp für Sie: **Finden Sie eine Sportart, die Sie lieben!**

Wir sprechen hier über das Thema Selbstfürsorge und über Dinge, die Ihnen guttun sollen. Und was wird es Ihnen bringen, eine Sportart auszuführen, zu der Sie sich jedes Mal quälen und selbst überreden müssen, nur um Ihren Körper fit zu halten? Was wird das mit Ihrer Psyche machen? Und wie lange werden Sie diese Sportart wohl durchhalten können? Das können Sie sich selbst beantworten.

Genauso wenig Sinn ergibt es, eine Sportart auszuüben, zu der Ihr Körper nicht fähig ist. Haben Sie beispielsweise Knieprobleme, werden stundenlange Dauerläufe eher schädlich als nützlich sein und Ihnen wahrscheinlich auch über kurz oder lang Schmerzen verursachen. In diesem Fall ist es unerlässlich, sich eine knieschonende Sportart auszusuchen.

Überlegen Sie sich, welche Sportarten Sie schon immer interessiert haben. Was wollten Sie schon immer ausprobieren? Warum haben Sie es noch nie getan? Gibt es manifeste Gründe oder haben Sie bisher nur Ausreden gefunden, weil Sie es sich nicht zutrauen?

Es hat keinen Zweck, sich zu einer Sportart zu zwingen, die Ihnen nicht gefällt. Wenn Sie nicht gern Joggen, sollten Sie es auch nicht tun. Vielleicht schwimmen Sie dafür gern - dann machen Sie das!

Und lösen Sie sich von dem Glauben, dass Sie jeden Tag für eine oder zwei Stunden Sport machen müssten. Es ist ein wenig abhängig davon, wie aktiv Sie in Ihrem Alltag sonst sind, welcher Arbeit Sie nachgehen und wie viel Sie sich dort bewegen. Doch im Allgemeinen sieht die World Health Organization (WHO) etwa zweieinhalb bis fünf Stunden Bewegung pro Woche für einen durchschnittlichen Erwachsenen als perfekt an. Zweieinhalb Stunden! Heruntergerechnet sind das gerade mal 21 Minuten am Tag - und schnelles Gehen oder moderat schnelles Radfahren zählt auch dazu! Schon so wenig Bewegung kurbelt Ihren Stoffwechsel an, hat einen positiven Einfluss auf Ihre Gemütslage und verbessert Ihre Schlafqualität. Das sollte doch zu schaffen sein, oder?

Lösen Sie sich auch von dem Gedanken, dass Sport etwas mit Wettkämpfen und Vergleichen zu tun haben muss, damit besser zu werden und sich mit anderen zu messen!

Ich persönlich komme ursprünglich aus dem Geräteturnen auf

Leistungsniveau, einer Sportart, die sehr stark auf Konkurrenz- und Einzelkampf beruht. Dann, als ich diesen Sport aus verschiedenen Gründen nicht mehr ausführen konnte, wechselte ich nach einigem Ausprobieren zu Yoga. Vielleicht haben Sie nicht viel übrig für Yoga, vielleicht ist Ihre Sportart eine andere, aber was ich Ihnen anhand meiner Erfahrung berichten möchte, können Sie beliebig auf jede Sportart übertragen - auf manche vielleicht einfacher als auf andere, aber etwas modifiziert auf jeden Fall auf jede.

Was mich am Yoga so faszinierte, war, dass es hier nicht um Konkurrenzdenken geht. Es geht darum, diesen Sport zu machen, einfach nur der Sache wegen. Um sich selbst etwas Gutes zu tun, um auf sich selbst zu hören, etwas über die eigenen Bedürfnisse zu lernen, den eigenen Körper zu verstehen - kurz, um Achtsamkeit und Fürsorge für sich selbst zu entwickeln. Ich lernte, wieder auf meinen Körper zu hören und die Signale wahrzunehmen, die er mir sendete. Es ging nicht mehr zwangsläufig darum, besser zu werden, schwierigere Posen zu erlernen, flexibler zu sein als die anderen im Kurs, stärker zu werden oder meine Körperform zu verbessern. Es ging nur noch um das, was ich in genau diesem Moment brauchte und was sich für mich richtig anfühlte.

Natürlich ist nicht jeder Sport wie Yoga. In den meisten Sportarten ist es ein wichtiger Aspekt, besser zu werden und sich auch mit anderen zu vergleichen und zu messen. Deshalb sollten Sie anfangen zu hinterfragen, was Ihre Intention beim Sport ist, sowohl wenn Sie bereits eine Sportart ausführen als auch wenn nicht – Sie aber gern eine beginnen möchten. Geht es für Sie darum, Ihren Körper äußerlich zu verändern? Wollen Sie abnehmen? Wollen Sie Wettkämpfe bestreiten, Ihre Zeit beim Laufen verbessern, einen Marathon schaffen, Ihre Technik verbessern, mehr Gewicht stemmen oder dergleichen? Oder geht es Ihnen - wie mir - darum, etwas Gesundes für Ihren Körper zu tun, Ausgleich zu schaffen, Ihr Kreislaufsystem zu verbessern?

Wenn wir von Selbstfürsorge sprechen und dabei den Faktor Sport beleuchten, bewegen wir uns bei der Intention eher im Feld dessen, dass wir unserem Körper etwas Gutes tun wollen, um unserer Psyche einen gesunden Ort zum Wohnen zu erschaffen und zu erhalten. Dennoch schließt es sich nicht gegenseitig aus, Wettkampfsport und gleichzeitig Selbstfürsorge zu betreiben – denn, wie ich bereits dargelegt habe, bedingt ein gesunder, widerstandsfähiger Körper auch eine gesunde Psyche. Dafür müssen Sie nur bereit sein, Ihre Einstellung und Ihre Intention etwas zu überdenken und gegebenenfalls etwas an Ihrer sportlichen Routine zu verändern.

Es ist nichts falsch daran, beim Sport weiterkommen zu wollen. Im Gegenteil. Ein gewisses Maß an Ehrgeiz brauchen wir, es treibt uns an. Und auch die Erfolge nach oft monate- oder jahrelangem Üben sind wichtig für uns. Doch beginnen Sie mal, auf Ihren Körper zu hören. Der Körper hat bestimmte Bedürfnisse – und die sind nicht jeden Tag gleich. Jeden Tag sind die Grenzen an einer anderen Stelle, jeden Tag müssen wir erneut herausfinden, wie weit wir gehen können. Woran können wir festmachen, wo diese Grenzen sind?

Wir müssen wieder lernen, auf unseren Körper zu hören und diese Grenzen nicht aufgrund falschen Ehrgeizes oder Leistungswillens zu ignorieren. Immer denken wir, besser werden zu müssen, jeden Tag ein bisschen mehr. Und wenn wir einmal weniger schaffen als am Tag zuvor, wenn wir langsamer laufen, weniger Gewicht stemmen, weniger weit springen oder was auch immer in Ihrer Sportart gefragt ist, sehen wir es direkt als Misserfolg an. Als Rückschritt. Und wir fangen an, Gründe zu suchen, warum es heute nicht so funktioniert wie sonst, warum wir heute nicht so fit sind. Wir versetzen uns selbst in einen Rechtfertigungszwang, der für unsere Psyche purer Stress ist. Das wiederum erhöht das Level an Stresshormonen in unserem Körper, was verschiedene Auswirkungen auf körperlicher und seelischer Ebene hat und was unser Wohlbefinden auf diese Art deutlich schmälern kann.

Lernen Sie, geduldig mit sich zu sein! Wärmen Sie sich gut auf und schenken Sie Ihrem Körper dabei Ihre volle Aufmerksamkeit. Gehen Sie langsam vor, Schritt für Schritt. Von Körperteil zu Körperteil oder von langsam zu schnell oder von geringer Dehnung sukzessiv bis zur starken Dehnung – je nachdem, was für Sie am besten ist. Hören Sie auf die Signale, die Ihr Körper Ihnen sendet. Spüren Sie in jede Faser hinein. Nehmen Sie jedes Ziehen, jedes Stechen, jede Bewegung wahr und nehmen Sie wahr, wie Sie sich dabei fühlen. Nehmen Sie es ernst, wenn Ihr Körper Ihnen auf seine Art mitteilt, dass Sie sich heute mit etwas nicht wohlfühlen. Das ist nicht schlimm! Was heute nicht geht, geht vielleicht morgen schon wieder!

Anschließend absolvieren Sie Ihr Training auf die gleiche Weise. Seien Sie präsent, seien Sie im Moment! Seien Sie selbstfürsorglich im Sport, indem Sie Ihren Körper zu spüren lernen. Verbinden Sie den Sport mit Gefühlen! Führen Sie jede Bewegung mit Bedacht aus, tun Sie das, was sich für Sie richtig anfühlt. Und bleiben Sie im Moment: Es ist wichtig, dass Sie, während Sie die Bewegungen ausführen, vollkommen aufmerksam und konzentriert darauf sind, dass Sie in diesem Moment genau diese Bewegung ausführen wollen. Seien Sie nicht verbissen im Training! Druck kreiert Gegendruck und dieser hält Sie erst recht davon ab, das zu erreichen, was Sie wollen. Ein guter Indikator dafür, was gut ist und was zu viel, kann Schmerz sein.

Im Sport gibt es zwei Arten von Schmerz: Progress-Schmerz und Warn-Schmerz.

Der **Progress-Schmerz** ist ein guter Schmerz, denn er zeigt uns, dass wir Fortschritte machen. Sie kennen ihn sicher auch, es ist ein Schmerz von geringerer Intensität, der manchmal auch angenehm anmuten kann. Er tritt auf, wenn wir unsere Komfortzone verlassen und etwas leisten, das wir vorher noch nicht geleistet haben, unsere absolute körperliche Grenze aber noch nicht erreicht haben. Manchmal haben wir ihn schon während des Trainings, manchmal auch erst später in Form eines milden Muskelkaters.

Der **Warn-Schmerz** – wie der Name schon sagt – ist für uns ein Warnsignal, dass wir uns zu viel zumuten, dass wir unsere körperliche Grenze überschritten haben und uns in einem Bereich bewegen, der nicht mehr gut und nicht mehr gesund für uns ist. Es ist ein starker, unangenehmer Schmerz, der dafür gedacht ist, uns zum Aufhören zu bringen und, wenn nötig, zu zwingen. Manchmal aber, wenn wir zu sehr in unserem Ehrgeiz, unserem Leistungs- und Verbesserungsdrang gefangen sind, wenn Adrenalin und Kortisol in dieser Stresssituation im Körper ansteigen und uns unempfindlicher machen gegenüber Schmerz, schaffen wir es, diesen Schmerz eine Weile auszuhalten, nur, um ein Erfolgserlebnis zu provozieren. Wir gehen über unsere absolute Leistungsgrenze hinaus - hinein in einen Bereich des Trainings, in dem wir unserem Körper massiven Schaden zufügen (können).

Grenzen, die unser Körper uns setzt, sind in der Regel etwas Sinnvolles: Sie verhindern, dass wir uns verletzen. In diesem Moment aber, in dem wir unsere Leistungsgrenze überschreiten, gehen wir das Risiko einer Verletzung bewusst ein - erstens, weil wir unseren Körper zu etwas zwingen, zu dem er nicht bereit ist, und zweitens, weil hier unsere Aufmerksamkeit und unsere Konzentration sowie unsere Selbstfürsorge rapide abnehmen. Wir schaffen es nicht mehr, auf unseren Körper zu hören, wir sind nicht mehr achtsam. Unsere Fehleranfälligkeit steigt an. Und genau das sollten wir nach Möglichkeit vermeiden.

Um Sport als einen Pfeiler in der Selbstfürsorge aufzubauen, soll es also darum gehen, **bewusst und achtsam** zu **trainieren**, seine Körperbedürfnisse zu verstehen und sie zu achten. Doch wie können Sie das nun mit Ihren Ambitionen in Wettkämpfen verbinden?

Ich persönlich habe im Yoga die Erfahrung gemacht, dass je mehr ich mir vornehme, etwas Bestimmtes zu schaffen, desto sicherer kann ich mir sein, dass ich es genau dann nicht schaffen werde. Gehe ich aber geduldig und behutsam mit mir um und strafe mich nicht selbst mit Verachtung, wenn es nicht funktioniert, komme ich oft viel weiter, als ich es mir ursprünglich zugetraut hätte. Ich zwinge mich zu nichts, sondern lasse mir von meinem Körper den Weg zeigen. Schritt für Schritt. So komme ich oft schneller und besser ans Ziel als mit einer verbissenen Einstellung.

Unser psychisches Befinden kann unseren Körper stark beeinflussen. Wenn wir also mit einer gewissen Verbissenheit an eine Sache herangehen, wirkt sich das auch auf unser Hormonsystem aus: Kortisol und andere Stresshormone steigen an, wir werden ungeduldig und unterschwellig aggressiv und unser Körper reagiert mit angespannten Muskeln und Verkrampfung. Und verkrampfte Muskeln lassen sich schwieriger steuern und in eine gewünschte Form bringen als lockere. Irgendwie logisch, oder?

Bringen Sie mehr Leichtigkeit in Ihre Wettkampfambitionen! Nehmen Sie den Zwang heraus, alles jetzt und sofort können zu müssen. Nehmen Sie sich Zeit, seien Sie entspannt beim Training. Grollen Sie nicht, wenn Sie etwas nicht schaffen, sondern lachen Sie. Sie machen das großartig! Rufen Sie sich in Erinnerung, was Sie an diesem Sport lieben, den Sie ausführen. Warum Sie sich gerade für ihn entschieden haben und nicht für eine der tausenden anderen Sportarten da draußen. Trainieren Sie ein bisschen mehr intuitiv, ein bisschen weniger nach Plan und sehen Sie, was passiert!

Aufgabe

Nachdem Sie das Unterkapitel zur Selbstfürsorge im Sport gelesen haben, nehmen Sie sich bitte einen Stift und einen Zettel in die Hand und nehmen Sie sich ein paar Minuten Zeit, um folgende Fragen zu beantworten:

1. Haben Sie eine Sportart, die Sie bereits ausführen und die Sie wirklich lieben? Wenn nicht, welche Sportart könnten Sie sich vorstellen, zu lieben?

2. Achten Sie in Ihrem Training auf Selbstfürsorge? Wenn ja, in welcher Form?

3. Wie könnten Sie Ihr Training verändern, um währenddessen bewusst und fürsorglich mit Ihrem Körper und Ihrer Psyche umzugehen? Haben Sie Ideen, wie Sie das Setting verändern könnten? Wie ist Ihre Einstellung zum Sport und könnten Sie an ihr etwas verändern, um selbst fürsorglicher trainieren zu können?

ERNÄHRUNG

Auch beim Punkt „Ernährung" werden Sie jetzt vielleicht die Augen verdrehen - klar, dass unser Speiseplan einen Einfluss auf unsere Gefühlswelt hat. Jeder kennt das kurze, vom Dopamin gesteuerte Glücksgefühl, das ein Stück Schokolade auslöst oder das schlappe Tief nach einem fettreichen Essen. Diesen Zusammenhang unserer Nahrung mit kurzfristigen Emotionen können wir mitunter täglich am eigenen Leib erfahren.

Weitaus weniger offensichtlich und dementsprechend auch weniger bekannt, ist die Korrelation mit tiefgreifenderen emotionalen Problemen - bis hin zu psychischen Störungen. Erst seit kurzer Zeit ist diese Fragestellung in der Neurowissenschaft und Psychiatrie aufgekommen, doch wurden in dieser Zeit schon einige Studien ins Leben gerufen, die sich damit beschäftigen, welche Nährstoffe ursächlich für beispielsweise Depressionen, Burn-out oder schizophrene Persönlichkeitsstörungen sein können.

Nehmen wir als Beispiel die Depression. Diese Krankheit hat - wie eigentlich jede Krankheit - nicht den einen Auslöser, vielmehr ist ihre Entstehung ein multifaktorielles Geschehen. Viele, kleine Ursachen bedingen und verstärken sich gegenseitig. Dazu gehören genetische Veranlagung und familiäre Prädisposition, psychosoziale Faktoren wie Erziehung und frühere Erfahrungen, akute Belastungssituationen sowie Umweltfaktoren und neurobiologische Stoffwechselstörungen. Zu letzteren zählen Mangelzustände an Neurotransmittern und Botenstoffen im zentralen Nervensystem, darunter Serotonin, Dopamin und Noradrenalin, die im gesunden Gehirn für eine Stimmungsstabilisierung und -aufhellung zuständig sind. Deshalb sind antidepressiv wirkende Medikamente auch auf diesem Wirkprinzip aufgebaut: Sie sollen die Konzentration dieser Stoffe über verschiedene pharmakologische Mechanismen erhöhen. Doch geht das nicht auch anders? Gibt es Nahrungsmittel, die einen ähnlichen Effekt erzielen können?

Ganz so einfach ist es wohl nicht - ein Wundermittel zur Heilung einer

Depression wurde zumindest noch nicht gefunden. Vielmehr scheint es eine indirekte Verbindung zu geben: In Studien wurde ein bidirektionaler Zusammenhang zwischen der Zusammensetzung der Darmflora (also dem Vorkommen bestimmter Bakterien im Verdauungstrakt) mit Depressionen gefunden – und diese hängt entscheidend von der Ernährung ab. In diesem Zusammenhang wurde besonders die mediterrane Diät als Förderer des Wachstums gutartiger Darmbakterien ausgemacht. Eine Ernährungsweise, die auf großen Mengen Gemüse, Kartoffeln, Fisch und guten Fetten wie Olivenöl basiert und nur wenig Fleisch und wenige Transfette enthält. Durch die Verschiebung der Darmflora – hin zu den fördernden „guten" Bakterien – kann eine Depression positiv beeinflusst werden. Und andersherum scheint eine ungesunde Ernährungsweise eine Depression fördern zu können: Die Darmflora tendiert dann zu „schlechten" Bakterien, was im Körper die Spiegel der Stresshormone ansteigen lässt (wie zum Beispiel Kortisol) und dadurch die Entstehung psychischer Probleme fördert.

Eine andere Studie der Oxford Universität befasste sich mit der Auswirkung der Ernährung, genauer verschiedener Vitamine und Mineralstoffe, auf die Entstehung von Aggressionen und damit einhergehender sozialer Probleme. Die Probandengruppe umfasste die Insassen eines englischen Gefängnisses, die allesamt aufgrund verschiedener Gewalttaten verurteilt worden waren. Die Studie enthielt eine Gruppe an Häftlingen, deren normaler Speiseplan mit zusätzlichen Vitaminen, Fettsäuren und Mineralstoffen angereichert wurde, und eine Kontrollgruppe. Die zuständigen Wissenschaftler untersuchten daraufhin über einen längeren Zeitraum, in wie viele und in welche Art von Zwischenfällen die betreffenden Insassen verwickelt waren – und fanden heraus, dass sich die Probanden der untersuchten Gruppe im Schnitt zu 37 Prozent weniger an Gewaltvorfällen beteiligten. Eine Folgestudie in den Niederlanden bestätigte das Ergebnis nur kurze Zeit später.

Es sind sehr drastische Beispiele innerhalb der Studien, die ich Ihnen hier vorgestellt habe, doch die Quintessenz ist eine, die auch für Sie für die

Etablierung Ihrer Selbstfürsorge eine Rolle spielen kann: Unsere Ernährung hat einen gewaltigen Einfluss auf unseren Körper und damit auf unser Wohlbefinden und unsere emotionale Stabilität. Sammeln wir uns also das heraus, was für uns nützlich und interessant sein kann: Wenn wir uns gut ernähren, uns mit genügend Vitaminen und Mineralstoffen versorgen und Mangelzuständen vorbeugen, wenn unser Speiseplan ausgewogen und vielseitig ist, tun wir damit nicht nur unserer Gesundheit etwas Gutes. Es verhindert nicht nur organische Krankheiten wie Übergewicht, Herzkreislauferkrankungen, Gelenkprobleme oder Diabetes mellitus. Es hilft uns auch, emotionale Probleme besser zu meistern, Aggressionen gar nicht erst aufkommen zu lassen, Ausgeglichenheit und Balance zu schaffen und so psychische Erkrankungen gar nicht erst entstehen zu lassen.

Wie können wir das nun für uns nutzen, wenn wir mehr Selbstfürsorge in unser Leben integrieren wollen? Uns einen gesunden, ausgewogenen Ernährungsstil angewöhnen, das ist bereits klar geworden. Doch ist nach meinem persönlichen Empfinden weniger entscheidend, was wir essen, sondern viel mehr, wie wir essen.

Selbstfürsorge betreiben wir, um uns etwas Gutes zu tun, um unser körperliches und unser seelisches Wohlbefinden zu steigern. Sie soll uns glücklicher und zufriedener machen, uns neue Kraft schenken, neue Energien zuführen. Sie ist somit eng verbunden mit Achtsamkeit und damit, dass wir behutsam und gut mit uns selbst umgehen.

Denken Sie einmal zurück: Wann haben Sie das letzte Mal etwas gegessen und sich dabei nur auf diese Tätigkeit konzentriert? Die Augen geschlossen, nur die verschiedenen Nuancen des Geschmacks wahrgenommen, jede Bewegung Ihrer Kaumuskulatur gespürt, den Duft Ihrer Nahrung gerochen, ohne dabei zu reden, auf Ihr Handy oder in den Fernseher zu starren, ohne mit den Gedanken schon ganz woanders zu sein? In unserer Gesellschaft, in der alles immer schneller gehen muss, ist Essen etwas geworden, das es möglichst flott und effizient zu erledigen gilt. Etwas, das so wenig Aufmerksamkeit wie möglich auf sich ziehen soll, etwas, von dem man sich gern ablenken lassen darf. Manche nehmen es gar als verschwendete Zeit wahr, ein notwendiges Übel im Alltag.

Dabei kann Essen ein Erlebnis sein, eine meditative Tätigkeit, Genuss und Notwendigkeit in einem, wenn man es zulässt. Es kann ein Abenteuer sein, uns in fremde Welten entführen, intensiv sein. Wenn Sie anfangen, darauf zu achten, werden Sie feststellen, dass das gleiche Gericht, das Sie schon hunderte Male gegessen haben, doch jedes Mal eine Spur anders schmeckt. Es ist jedes Mal ein Ereignis.

Sie werden neu erlernen, auf Ihren Körper zu hören und seine Bedürfnisse neu kennenlernen. Sie werden spüren lernen, wann Sie satt sind, wann Sie aufhören sollten zu essen, um danach nicht in ein Verdauungstief zu fallen. Sie werden wieder Hunger von Appetit unterscheiden können. Sie werden fühlen, wenn Ihr Körper nach etwas Bestimmtem verlangt - denn er sagt uns in der Regel ziemlich genau, was ihm gerade fehlt. Wir haben nur verlernt, es zu lesen. Plötzlich werden sie Lust verspüren, Gemüse und Obst zu essen, und feststellen, dass Ihnen Süßigkeiten stattdessen nicht mehr das gewünschte Gefühl der Befriedigung verschaffen. Sie werden beobachten, dass sich nach einer Zeit der Umgewöhnung ganz von allein ein ausgewogener Ernährungsplan einstellen wird, ohne dass Sie sich damit beschäftigen müssen. Kurzum: Sie werden wieder eine engere Verbindung zu Ihrem Körper herstellen und zu dem, was er braucht.

Versuchen Sie es das nächste Mal, wenn Sie etwas essen. Setzen Sie sich bequem, aber aufrecht hin, legen Sie alles weg, sorgen Sie dafür, dass Sie zehn oder fünfzehn Minuten ungestört sind. Nehmen Sie mit all Ihren Sinnen wahr: Sehen Sie sich Ihr Essen genau an. Betrachten Sie die Beschaffenheit, die Farben, die Anordnung auf Ihrem Teller, denn auch das Auge isst mit. Hören Sie Ihrem Essen zu! Vielleicht brutzelt noch eine zweite Portion in der Pfanne auf dem Herd, lauschen Sie dem Besteck auf dem Teller. Riechen Sie den Duft, der Ihnen in die Nase steigt, denn wie Sie sicher wissen, ist ein Großteil des Geschmackssinns von Ihrem Geruchssinn abhängig. Sie können das Geschmackserlebnis verstärken, indem Sie erst einmal den Duft wahrnehmen. Fühlen Sie das Essen an Ihren Lippen und in Ihrem Mund. Und schlussendlich schmecken Sie. Schmecken Sie die Nuancen, schmecken Sie die Kombination Ihres Essens, schmecken Sie, so fein Sie können. Lassen Sie sich Zeit. Kauen Sie langsam, bedächtig und lange genug. Schlingen Sie Ihr Essen nicht herunter – niemand will Ihnen etwas wegnehmen. Nehmen Sie sich die Zeit, die Sie brauchen, um Ihr Essen zu genießen.

Und verbinden Sie es mit Gefühlen. Vielleicht verbinden Sie Ihre Mahlzeit mit einem Erlebnis aus der Vergangenheit – vielleicht haben Sie es zu einem bestimmten Anlass, an einem bestimmten Ort oder gemeinsam mit einem besonderen Menschen schon einmal gegessen. Dann ist das aufkommende Gefühl womöglich ein positives – halten Sie es fest und durchleben Sie den Moment erneut. Lassen Sie sich von Ihrem Essen seine Geschichte erzählen! Es kann Sie an exotische Orte zurückbringen.

Vielleicht waren Sie aber auch ungeheuer wütend oder traurig oder verzweifelt, als Sie das Gericht das letzte Mal vor sich hatten. Vielleicht war irgendetwas passiert oder nicht so gelaufen, wie Sie das wollten. Dann nutzen Sie die Gelegenheit und überschreiben Sie diese Erinnerung. Diese Situation ist Vergangenheit, sie ist vorbei. Sie können daran nichts mehr ändern, aber Sie können jetzt dafür sorgen, dass Sie Ihre Mahlzeit genießen. Konzentrieren Sie sich auf Ihr Essen – und schaffen Sie eine neue, schöne, entspannte Erinnerung für das nächste Mal!

Ein letzter Punkt, den ich zum Thema Ernährung noch ansprechen möchte, ist die **Routine**. Sie kennen die entsprechenden Empfehlungen sicher, die nahelegen, **immer zu den gleichen Zeiten zu essen, die Mahlzeiten regelmäßig über den Tag zu verteilen und keine Snacks zwischendrin zu essen.**

Ich möchte Ihnen damit nicht sagen, dass Sie einen genauen Plan haben sollen, am besten noch mit einem gestellten Wecker, und keinesfalls davon abweichen dürfen. Das ist weder sinnvoll noch praktikabel. Doch halte auch ich es für angenehmer für Sie und für Ihren Körper, wenn Sie eine einigermaßen eingespielte Routine für Ihre Ernährung finden. Ihr Körper besitzt eine innere Uhr, nach der sich auch Ihr Stoffwechsel richtet - das ist der Grund dafür, dass Intervallfasten aktuell so große Erfolge feiert. Ihr Körper gewöhnt sich daran, zu gewissen Zeiten Energie in Form von Nahrung zugeführt zu bekommen und zu anderen Zeiten eher auf seine Reserven zurückgreifen zu müssen.

Er balanciert dann die Blutzuckerhormone Insulin und Glukagon entsprechend seiner inneren Uhr aus - und es fällt ihm leichter, die Stoffwechselprozesse anzupassen. Die Folgen eines Gleichgewichts der Hormone sind zum Beispiel, dass Sie leichter abnehmen können, das Risiko für Diabetes und Herzkreislauferkrankungen reduziert wird, sich die Schlafqualität bessert und Sie sich weniger müde und schlapp fühlen - denn der Körper muss nicht durchgängig Energie in die Verdauung und die Anpassung der Stoffwechselprozesse stecken. Deshalb kann es sinnvoll sein, sich mit seinen Ernährungsroutinen auseinanderzusetzen und vor allem **auf Zwischenmahlzeiten** zu **verzichten**.

Ich weiß, dass Ernährung und vor allem ihre Umstellung ein schwieriges Thema sind, aber wagen Sie sich heran. Und wenn Sie das Gefühl haben, dem allein nicht gewachsen zu sein, holen Sie sich Hilfe von Menschen, die sich damit auskennen. Es geht um Ihren Körper, Ihre Gesundheit und vor allem Ihr Wohlbefinden!

Aufgabe

Nachdem Sie das Unterkapitel zur Selbstfürsorge in der Ernährung gelesen haben, nehmen Sie sich bitte einen Stift und einen Zettel in die Hand und gönnen Sie sich ein paar Minuten Zeit, um folgende Fragen zu beantworten:

1. Wann haben Sie zuletzt bewusst gegessen?

2. Welche Gerichte essen Sie am liebsten und wieso?

3. Wie können Sie mehr Selbstfürsorge in Ihre Ernährung integrieren?

Wann können Sie sich Zeit nehmen, ungestört und achtsam zu essen? Vielleicht ist es sogar möglich, wenn Sie Ihre Mittagspause im Büro verbringen: Stecken Sie sich Ihre Kopfhörer in die Ohren, machen Sie schöne Musik an und blenden Sie alles um sich herum aus. Konzentrieren Sie sich nur auf Ihre Nahrung.

4. Wie routiniert sind Sie bei Ihrer Ernährung? Welche Möglichkeiten sehen Sie, Ihre Ernährungsroutine zu verändern oder aufzubauen?

REGENERATION

Das Leben besteht aus Gegensätzen. Nichts kann ohne ein Gegenteil existieren. Was wäre heiß, wenn es nichts Kaltes gäbe? Was wäre Freude ohne Traurigkeit? Der Tag ohne die Nacht? Das Leben ohne den Tod?

Der Mensch tendiert dazu, Umstände als gegeben hinzunehmen und sie nicht zu hinterfragen, bestenfalls zu ignorieren und oft gar nicht wahrzunehmen, wenn sie sich nicht verändern. Erst, wenn etwas passiert, werden wir darauf aufmerksam. Wir brauchen den Vergleich, um Dinge einordnen zu können, ihnen einen Namen geben zu können. Am Ende ist das Gehirn nicht kreativ und auch nicht intelligent genug, um sich Dinge vorzustellen, die es nicht kennt. Innerhalb des Rahmens dessen, was wir kennen, was wir sehen, erleben oder erzählt bekommen, können wir weiterdenken. Doch nicht darüber hinaus. Versuchen Sie doch beispielsweise einmal, die Unendlichkeit zu erklären; Sie werden es nicht wirklich schaffen, denn wir können uns die Unendlichkeit nicht vorstellen. Wir kennen nur das Endliche. Diesem Prinzip der Gegensätze folgen auch unser Körper und unsere Psyche.

Wir brauchen Anspannungsphasen, Phasen, in denen wir etwas leisten und die uns herausfordern, genauso wie Entspannungsphasen, also Phasen, in denen wir uns ausruhen und neue Kraft sammeln. Erinnern Sie sich an die Visualisierung mit dem Glas der Energie in Ihnen: In manchen Phasen holen Sie Energie aus Ihrem Glas, Sie investieren diese, und anschließend benötigen Sie eine Phase, um es wieder mit Energie zu füllen.

Anders gesagt: **Sowohl Körper als auch Psyche brauchen Leistungsphasen und Ruhephasen. Auf Sport und Anstrengung folgt Regeneration.**

Sport ist für Ihren Körper ein Stressfaktor. Wenn ich in diesem Zusammenhang von Stress spreche, meine ich das nicht zwangsläufig in dem Sinn, wie wir das Wort im Alltag gebrauchen. Für uns ist es meist ein mit negativen Gefühlen gekoppelter Zustand, etwa, wenn wir das Gefühl haben, nicht genug Zeit für unsere Pflichten zu haben oder sozialen oder intrinsischen Druck empfinden, etwas tun zu müssen, was wir nicht tun wollen. Im wissenschaftlichen Sinne ist Stress aber ein neutraler Begriff, der besagt, dass eine Veränderung auf unseren Körper oder unsere Psyche einwirkt, an die wir uns anpassen müssen. Bei manchen Stressfaktoren gelingt uns das besser als bei anderen - meist, wenn nur geringere Veränderungen von uns gefordert sind. Nach diesem Modell ist Stress sogar (lebens-)notwendig, denn ohne die Herausforderung würden wir uns weder weiterentwickeln noch wachsen, da keine Anpassung nötig wäre.

Im Sport beispielsweise setzen wir im Training immer wieder Stressoren, indem wir ein wenig weiter gehen als das letzte Mal: Wir heben ein wenig mehr Gewicht, laufen ein kleines Stückchen weiter, dehnen uns ein bisschen mehr als das letzte Mal. Wir geben unserem Körper eine Veränderung vor und fordern ihn auf, sich daran anzupassen. Er reagiert damit, dass unsere Muskeln wachsen, wir schneller laufen können und irgendwann bis ins Spagat kommen, wenn wir es oft genug üben. Aber nur, wenn wir ihm auch die Möglichkeit der Regeneration geben!

Verschiedenen Studien zufolge sollte nach dem Sport eine Regenerationszeit von bis zu 72 Stunden eingehalten werden, bis die gleiche Belastung wieder ausgeführt werden kann. Ziel dessen ist es, den Muskel zu rehydrieren, die Glykogenspeicher wieder aufzufüllen und Mikroverletzungen heilen zu lassen - kurz: um ihm die Zeit zu geben, seine Energiereserven wieder vollzutanken. Erhält der Muskel nicht genügend Zeit zur Erholung, können sich langfristig Schäden entwickeln und manifestieren. In dieser Zeit der Regeneration findet auch das größte Muskelwachstum statt: Es ist die Phase der Anpassungsreaktionen. Der Körper bereitet sich darauf vor, die gleiche erhöhte Belastung und den gleichen Stress potenziell wieder zu erfahren und möchte bestmöglich gewappnet sein. Aus dieser Perspektive sind die Regenerationsphasen sogar die wichtigeren Phasen des Trainings.

Und auch im Alltag sollten Sie sich immer wieder genügend Pausen gönnen. Hier geht es zwar nicht um Muskelaufbau oder darum, einen Spagat zu schaffen, trotzdem beinhalten Ihre Alltagsaktivitäten jede Menge Stressoren, die Ihnen einiges abverlangen können und eine Menge Anpassungsreaktionen nötig machen. Geben Sie Ihrem Körper immer wieder ein paar Minuten Zeit, in denen Sie ihn und Ihre Psyche nicht fordern. Legen Sie in dieser Zeit alle Ablenkungen beiseite, um keine neuen Reize und Veränderungen zu schaffen.

Nehmen Sie sich ein paar Momente, um zu atmen und Ihren Kopf und Ihren Körper das Erlebte verarbeiten zu lassen. Sonst muss er das am Ende des Tages alles auf einen Schlag nachholen, alles einordnen und sortieren, was über die stressigen letzten Stunden verteilt passiert ist. Das wird er nicht schaffen und deshalb gezwungenermaßen einiges ins Unterbewusstsein verdrängen. Sie werden abends schlecht abschalten können, schlechter ein- und durchschlafen, denn die Verarbeitung findet dann in Ihren Träumen statt. In all dem liegt die Wurzel unbearbeiteter Gefühle und Traumen, die irgendwann in einer großen Explosion aus uns herauszubrechen drohen. Atmen Sie, schließen Sie die Augen, ruhen Sie für einen Moment. Füllen Sie Ihr Glas mit neuer Energie. Und dann kann es weitergehen!

Was ist für den Menschen die wichtigste Form der Regeneration? Wir alle tun es jeden Tag für mehrere Stunden, im Durchschnitt sogar über 200.000 Stunden im Leben: schlafen. Jeder weiß, wie wichtig ausreichender, guter Schlaf ist. Und doch ist es eines der ersten Dinge auf die wir verzichten, wenn wir das Gefühl haben, zu wenig Zeit zu haben. Wir verzichten damit oft bewusst auf eines der wichtigsten Elemente der Selbstfürsorge.

Bereits nach 24 Stunden ohne Schlaf büßt unser Gehirn bedeutend an Leistungsfähigkeit ein: Wir können Informationen langsamer verarbeiten und nur unter deutlich größerer Anstrengung, wir werden unaufmerksam und nachlässig. Wir reagieren schneller gestresst und aggressiv, unsere Gedächtnisbildung funktioniert nur noch erschwert - und wir sind risikobereiter, da wir Konsequenzen unterschätzen und unsere Reflexe verlangsamen.

Und auch hier besteht wieder ein Zusammenhang zu psychischen Störungen: Ein gestörter Schlafrhythmus und/oder Schlafentzug erhöhen das Level an Stresshormonen im Körper und damit auch das Risiko für die Entstehung von Depressionen, Schizophrenie und Burn-out.

Dabei kommt es aber nicht nur auf die Dauer der Schlafenszeit an, auch die Schlafqualität spielt eine Rolle. Vielleicht sogar die entscheidendere Rolle. Auch Sie kennen es: Sie sind schlecht eingeschlafen, immer wieder in der Nacht aufgewacht und Sie haben sich eine gefühlte Ewigkeit im Bett gewälzt, weil Sie einfach keine gute Position finden konnten. Und am nächsten Tag fühlen Sie sich wie gerädert, sind übermüdet, reizbar und schlecht drauf. Das liegt wahrscheinlich daran, dass Sie weder gut in die Tiefschlafphasen gekommen sind noch eine REM-Schlafphase hatten. Das macht sich bemerkbar - schon nach einer Nacht. Kein Wunder, dass Menschen, die dauerhaft schlecht schlafen, psychische Probleme entwickeln, oder?

Andererseits kann auch zu viel Schlaf kontraproduktiv sein. Bei einer bestehenden Depression ist das Problem zum Beispiel eher, dass die Betroffenen zu viel und zu lange schlafen und dadurch noch mehr an Antriebskraft einbüßen. Deshalb ist hier ein bewährtes Behandlungskonzept der gezielte Entzug von Schlaf: Die Patienten halten sich über einen bestimmten Zeitraum wach, meist etwa einen Tag lang - was ihren Antrieb und ihre Motivation positiv beeinflusst.

Ziehen wir hier also eine Bilanz: Die Dosis macht das Gift. Zu wenig Schlaf kann für uns genauso schädlich sein wie zu viel Schlaf. Wollen wir selbstfürsorglich und achtsam mit uns umgehen, unser Wohlbefinden steigern und unseren Körper unterstützen, ist es unerlässlich, dass wir die richtige Quantität sowie Qualität des Schlafes für uns finden und diese auch regelmäßig bekommen – oder anders: uns verschaffen.

Was können Sie jetzt genau tun, um besser zu schlafen? Zunächst: Finden Sie Ihren Rhythmus. Ab und zu ein Mittagsschlaf ist sicherlich schön und auch gut für uns, aber lassen Sie ihn nicht zur täglichen Gewohnheit werden. Schlafen Sie lieber nachts genug. Gehen Sie nicht so spät ins Bett – wir tendieren dazu, uns vor dem Schlafengehen „zu drücken“. Wir haben das Gefühl, dass wir über den Tag verteilt nicht genügend Dinge für uns gemacht haben und versuchen das dann nachzuholen, indem wir uns abends weigern ins Bett zu gehen; müde sein hin oder her. Es wird einige Zeit dauern, bis Sie Ihren Rhythmus gefunden haben und sich Ihre innere Uhr danach eingerichtet hat. Aber versuchen Sie es!

Hilfreich dafür sind bestimmte Rituale, die Sie einführen können, um Ihren Körper und Ihren Geist auf den Modus „schlafen gehen“ zu programmieren. Legen Sie eine Stunde vor dem Schlafengehen alle elektronischen Geräte beiseite. Das blaue Licht der Bildschirme aktiviert die Zentren im Gehirn, die für die Wachheit und Aufmerksamkeit zuständig sind. Tun Sie etwas, das Sie entspannt. Vielleicht lesen Sie gern Bücher – dann suchen Sie sich am besten eines aus, das nicht so spannend ist, dass Sie es nicht mehr weglegen können, eines, bei dem Sie sich nicht übermäßig konzentrieren müssen.

Wählen Sie ein Buch, das Ihre Fantasie anregt, Ihre Kreativität anspricht, Ihr glückliches, träumerisches, inneres Kind hervorbringt. Für mich persönlich haben sich Reisezeitschriften bewährt: Viele Bilder, die meine romantische und ruhige Seite ansprechen, leicht verständlicher Text, der mich in fremde Welten entführt, hin zu unbekannten Orten und fernen Abenteuern. Trinken Sie einen Tee, der Ihnen gut schmeckt. Meditieren Sie oder hören Sie ein schönes Hörbuch. Tun Sie Dinge, die Sie entspannen und runterbringen.

Versuchen Sie, nicht mit dem Gedanken an unerledigte Dinge ins Bett zu gehen. Egal, wie viel Sie heute nicht von dem geschafft haben, was Sie schaffen wollten. Es spielt keine Rolle. Morgen ist auch noch ein Tag, Sie haben heute Ihr Bestes gegeben! Schreiben Sie sich unerledigte Dinge auf eine Liste, die Sie irgendwo außerhalb Ihres Schlafzimmers lassen. Aufgaben und To-do-Listen haben an Ihrem Bett nichts verloren. Werden Sie auf diese Weise Ihre Pflichten los, bevor Sie ins Bett gehen.

Genauso verhält es sich mit negativen Gefühlen: Nehmen Sie keine Wut mit ins Bett! Vielleicht hatten Sie heute einen schlimmen Streit und konnten ihn aus irgendeinem Grund nicht aus der Welt schaffen. Schreiben Sie es auf. Lagern Sie diesen Teil Ihrer Erinnerung und Ihrer Emotionalität aus und kümmern Sie sich morgen darum. Wenn Sie ins Bett gehen, ist der Tag vorbei, dann gibt es nichts mehr zu tun. Schaffen Sie sich eine ruhige Atmosphäre zum Schlafen. Finden Sie Ihren Rhythmus. Sie werden überrascht sein, was es Ihnen bringen kann!

Aufgabe

Nachdem Sie das Unterkapitel zur Selbstfürsorge und Regeneration gelesen haben, nehmen Sie sich bitte einen Stift und einen Zettel in die Hand und gönnen Sie sich ein paar Minuten Zeit, um folgende Fragen zu beantworten:

1. Wann haben Sie sich zuletzt bewusst Pausen gegönnt und in welchem Bereich haben Sie das Gefühl, mehr Pausen gebrauchen zu können?

2. Wie gut schlafen Sie und was tun Sie bereits für einen besseren Schlaf?

3. Wie können Sie mehr Pausen in Ihren Alltag integrieren? Auch wenn es nur wenige Minuten sind. Wie können Sie diese Pausen ablenkungsfrei und entspannt gestalten?

Die Gefühlsebene

Was unterscheidet uns als Menschen vom Tier? Abgesehen von aufrechtem Gang, kognitivem Denken und der Sprache ist es vor allem unsere Fähigkeit, tiefe Gefühle zu entwickeln, über diese zu reflektieren und zu sprechen sowie uns in andere Lebewesen hineinzuversetzen und mit ihnen mitzufühlen.

Damit bewegen wir uns in diesem Kapitel auf einem weitaus abstrakteren Niveau als im Kapitel davor: Körperliche Erscheinungen sind für uns oft greifbarer und leichter zu beschreiben, denn sie liegen meist im Bereich dessen, was man sehen, wissenschaftlich erklären und erleben kann. Eigene oder fremde Gefühle zu beschreiben, erfordert hingegen einen höheren Grad an abstraktem Denken, an Einfühlungsvermögen und auch an Empathie – und oft finden wir trotzdem nicht die richtigen Worte. Versuchen Sie ruhig einmal, jemandem zum Beispiel das Gefühl des Verliebt-Seins so greifbar wie möglich zu schildern. Sosehr Sie es auch versuchen und so nah Sie auch herankommen, es wird immer eine Diskrepanz bestehen zwischen dem, wie Sie jenes Gefühl empfinden, und dem, was das Gegenüber aus Ihrer Erklärung aufnimmt.

Dabei sind Gefühle und Emotionen ein wesentlicher Bestandteil, wenn es darum geht, für sich selbst zu sorgen. So abstrakt sie auch sein mögen, so haben sie doch einen enormen Einfluss auf unser Leben und unser Erleben. Sie machen uns zu dem, was wir sind. Sie bestimmen, wie wir die Welt wahrnehmen und interpretieren, wie wir unsere Mitmenschen sehen und welche Beziehung wir zu ihnen aufbauen, wie wir bestimmte Situationen einschätzen und auf sie reagieren. Ohne Gefühle könnten wir keine sozialen Wesen sein, wir würden keine Freundschaften knüpfen, keine Liebesbeziehung eingehen, keine Verbindung zu unseren Kindern spüren. Ohne sie wären wir Roboter, vermutlich allein getrieben durch unser Bedürfnis zur Selbsterhaltung. Wir wären weitestgehend abgekoppelt von der Welt da draußen. Ich spreche hier bewusst von beidem, von Gefühlen und Emotionen: Die beiden Wörter beschreiben, in dem Sinne, in dem ich sie nutze, unterschiedliche Sachverhalte. Letztlich ist „Gefühl“ ein Überbegriff für unsere Emotionen.

Emotionen entstehen aus dem Affekt heraus, sie werden durch äußere Reize getriggert und sind schwer kontrollierbar. In der Psychologie werden all unsere komplexen Emotionen einer der Basisemotionen zugeordnet; zu ihnen zählen Angst, Ekel, Wut, Freude, Überraschung und Trauer. Komplexere Affektemotionen haben ihren Ursprung in einer dieser Basisemotionen und zeigen ein für alle Menschen eindeutiges Muster an körperlichen Korrelaten.

Diese entsprechen einer bestimmten Kombination aus Mimik und Gestik: Sie werden auch Mikroexpressionen genannt und sind bei jedem Menschen identisch. Egal, ob Mann, Frau oder Kind, homo-, hetero- oder transsexuell, ob Gewalttäter oder Priester, ob Asiate, Europäer oder australischer Ureinwohner – in dieser Beziehung sind alle Menschen gleich. Jeder Mensch zieht beispielsweise in einem Moment der ehrlichen Überraschung für den Bruchteil einer Sekunde die Augenbrauen nach oben und öffnet die Augen ein Stück oder senkt bei Ekel die Mundwinkel ab. Diese Basisemotionen sind nicht veränderlich, sie gleichen Reflexen, die wir nicht verstecken können. Sie erklären auch, warum wir meist erkennen können, ob unser Gegenüber ehrlich mit uns ist oder nicht.

Diese Mikroexpressionen bewusst wahrzunehmen, ist zwar unfassbar schwierig, unser Unterbewusstsein aber ist ein Meister dieser Disziplin. Damit sind Emotionen für uns oft noch greifbarer als Gefühle, da sie auf diese Weise doch eng an körperliche Empfindungen und wahrnehmbare Phänomene gekoppelt sind – ja, durch den gezielten Einsatz der zugehörigen Mimik sind wir sogar imstande, die betreffende Emotion zu einem gewissen Grad willkürlich auszulösen. Lächeln Sie sich einmal für eine Minute selbst im Spiegel an: Sie werden spüren, dass Ihre Stimmung sich automatisch aufhellt.

Gefühle sind etwas komplizierter zu erfassen. Sie beschreiben einen Zustand, der sich aus der Summe unserer Emotionen ergibt und eher einer Tendenz entspricht. Es ist die unbewusste Verarbeitung unserer Emotionen, die wir im Allgemeinen als Erfahrungen abspeichern. Teilweise gelangen diese Gefühle und Erfahrungen dann in das Spektrum dessen, was wir bewusst wahrnehmen, vieles nimmt jedoch eher unterschwellig Einfluss auf unser Leben. Gefühle helfen uns in bestimmten Situationen, unsere neu aufkommenden Emotionen zu kontrollieren, zu agieren und zu reagieren. Sie sind es, die es uns ermöglichen, eine Beziehung zu anderen Menschen aufzubauen - denn Emotionen allein wären zu kurzlebig, zu vergänglich, um eine solche aufrechtzuerhalten.

Unsere Gefühle geben uns eine Richtung vor, sie sind Teil unseres täglichen Kompasses. Die Mehrheit unserer Entscheidungen im Alltag basiert auf Gefühlen - warum sonst heißt es, „auf sein Bauchgefühl hören“? Und oft machen sie es ziemlich gut. Vertrauen Sie endlich wieder ein bisschen mehr auf Ihr Gefühl!

Was haben unsere Gefühle mit Selbstfürsorge zu tun? Unsere Gefühle und Emotionen haben das Potenzial, unser Leben viel einfacher oder viel komplizierter zu gestalten - und sind damit einer der wichtigsten Einflussfaktoren auf unser Wohlbefinden. Sie bestimmen, wie wir unsere Außen- und unsere Innenwelt wahrnehmen und beurteilen. Etwas, das uns passiert, ist nicht per se gut oder schlecht. Dinge passieren, Situationen entstehen.

Alles, was sich in dieser Welt ereignet, ist zunächst ein neutraler Zustand. Ein Fakt. Er wird erst durch unsere Bewertung etwas Gutes oder Schlechtes. Unser Gehirn gibt Situationen – aufgrund seiner Erfahrungen, Erziehung und Erwartungen – durch sein Urteil einen Stempel. Das bedeutet, dass es ganz allein bei uns liegt, wie wir eine Situation sehen (wollen), und dass wir auch die Macht darüber haben, unsere Bewertung beizubehalten oder zu revidieren.

Auch wenn wir unsere kurzfristigen Emotionen meist nicht kontrollieren können, so haben wir doch die Chance, unsere Gefühle und die Lehren, die wir aus der Situation mitnehmen, zu verändern. Wir können unsere innere Einstellung überdenken, Meinungen ändern, Erfahrungen neu bewerten. Diese Prozesse brauchen Zeit und können sehr anstrengend sein, doch sie sind machbar. Für jeden von uns.

Und wir können beeinflussen, wie bestimmte neue Erfahrungen, die wir tagtäglich sammeln, abgespeichert werden und uns damit zukünftige Konflikte und Probleme ersparen.

All diese Aspekte werden wir in diesem Kapitel noch genauer unter die Lupe nehmen. Der Schlüssel liegt in der Bewusstwerdung der ablaufenden Prozesse unseres Bewusstseins und unseres Unterbewusstseins. Wir werden lernen, einen Schritt zurückzutreten und unsere Gefühle und Emotionen aus einer objektiveren Perspektive zu betrachten. So lösen wir bestehende Probleme auf, verhindern die Entstehung neuer und steigern damit unsere psychische Stabilität und unser subjektives Wohlbefinden. Und das ist ein Akt der Selbstfürsorge.

DIE BEWUSSTWERDUNG VON GEFÜHLEN

Ein nicht unerheblicher Teil der Menschen neigt heutzutage dazu, Gefühle verbergen zu wollen oder sie im besten Fall gar nicht erst aufkommen zu lassen. Warum ist das so?

In unserer Gesellschaft haben Gefühle oft keinen Platz. Es gilt als unangebracht, ihnen offen Luft zu machen - ganz gleich, ob es sich dabei um positive oder negative Exemplare handelt. Die meisten Menschen werden dazu erzogen, ihre Emotionen und Gefühle nur bestimmten Personen gegenüber zu offenbaren, einem kleinen Kreis von Vertrauten, und in der Öffentlichkeit die Etikette zu bewahren und nicht vor Wut zu schreien oder vor Glück laut aufzujauchzen. Zum Weinen zieht man sich zurück, bei der Beförderung zeigt man ein bescheidenes Lächeln und das war es.

Seien Sie einmal aufmerksam: Von Kindesbeinen an werden wir so erzogen. Schreit ein Kind im Supermarkt, sind die Eltern peinlich berührt und tun alles, um das Kind zur Ruhe zu bringen. Sie erklären ihm, dass es unpassend ist, sich so aufzuführen und legen damit unbewusst den Grundstein für einen weiteren Menschen, der denkt, seine Emotionen verstecken zu müssen. Das Kind lernt, dass es negative Folgen hat, wenn es zu offen mit seinen Gefühlen umgeht - es wird von den Eltern zurechtgewiesen und es wird versuchen, diese negative Folge beim nächsten Mal zu umgehen.

Im Zug werden die ausgelassenen Kinder ermahnt, leise zu sein, das würde doch alle anderen stören. Hier wieder das Gleiche: Die Kinder erfahren eine Strafe (im Sinne einer negativen Konsequenz) für ihre Fröhlichkeit.

Kein Wunder, dass es uns als Erwachsenen schwerfällt, unsere Gefühle zum Ausdruck zu bringen, wenn wir sie so früh abtrainiert bekommen.

Und es bringt eine Menge Probleme mit sich. Dass wir derart darauf konditioniert werden, unsere Gefühle zu verstecken, führt über kurz oder lang dazu, dass wir sie sogar vor uns selbst verstecken. Wir beginnen, sie in uns zu vergraben, schieben sie ab in unser Unterbewusstsein, damit sie uns nicht in die Quere kommen, wir nehmen uns vor, sie später zu bearbeiten - und tun es dann doch nicht, weil wir dann keinen Zugang mehr zu ihnen bekommen. Dann machen wir uns vor, sie wären nicht mehr da, wir hätten sie nebenbei verarbeitet, dabei brodeln sie unter der Oberfläche weiter. Sie verleiten uns zu Reaktionen, die wir nicht erklären können, denn sie prägen trotzdem unsere Erfahrungen, und können uns so eine Menge Probleme bereiten. Und je länger wir sie in uns vergraben, desto schwieriger wird es, an sie heranzukommen.

Bestimmt kennen Sie das: Sie stecken in einer Situation, die objektiv betrachtet keine Gefühlsregung wert wäre, und Sie fühlen sich unwohl und mulmig. Das macht Sie unsicher und Sie reagieren dadurch gereizter oder defensiver, als Sie es eigentlich beabsichtigen. Sie können sich Ihre Reaktion rational nicht erklären und die Menschen in Ihrer Umgebung verstehen nicht, warum Sie sich so seltsam verhalten.

Möglicherweise ist die Situation ähnlich einer vorangegangenen Situation, in der Sie eine aufkommende Emotion unterdrückt haben und die sich nun unterschwellig ihren Weg aus Ihrem Unterbewusstsein bahnt. Unverarbeitete Emotionen verschwinden nicht einfach. Es ist wie mit dem physikalischen Gesetz der Energieerhaltung: Energie geht nicht verloren, die Energie, die Sie in ein System hineinstecken, bekommen Sie auch wieder heraus. Je mehr Druck Sie erzeugen, desto explosiver wird die Mischung. Manchmal tragen wir die Energie (oder die Emotion) jahrelang mit uns herum und merken bewusst gar nicht, wie groß der Ballast eigentlich ist.

Wer selbst fürsorglich handeln möchte, sollte lernen, seine Emotionen kontrolliert loszuwerden: Einerseits neu entstehende Emotionen, um sie gar nicht erst in Ihr Unterbewusstsein eindringen zu lassen, andererseits bereits existente Emotionen, die Sie erst ausgraben müssen. Je freier Ihr Unterbewusstsein von unverarbeiteten Konflikten ist, desto mehr Leichtigkeit werden Sie in Ihrem Leben verspüren und desto wohler werden Sie sich mit sich selbst fühlen.

Der erste Schritt zum Loswerden von Emotionen ist es, sich die vorhandenen Emotionen bewusst zu machen. Sie müssen sie finden und sich klar werden, dass da eine Emotion sitzt und welche Emotion es ist. Nur wenn Sie die Emotion sinnvoll zuordnen können, können Sie das richtige Ventil finden, um sie freizulassen. Einen Feststoff wie Stein werden Sie auch nicht durch ein Druckluftventil drücken können, genauso wenig wie Sie tiefe Trauer durch einen Freudenschrei loswerden. Das Ziel ist es, Emotionen gleich nach ihrer Entstehung zu verarbeiten, damit sie nicht unverarbeitet und unreflektiert in unsere Gefühle und damit in unsere Erfahrungen eingehen.

Es ist, vor allem in akuten Situationen, nicht immer ganz einfach, zu spüren, welche Emotion gerade durch einen bestimmten Umstand ausgelöst wird. Vor allem weil die Antwort selten eindeutig ist. Situationen sind vielschichtig, und so sind es auch unsere Emotionen. Sie können auf einen Umstand mit mehreren Emotionen gleichzeitig reagieren – das macht es so kompliziert. Die Schwierigkeit ist herauszufinden, welche Emotion gerade am stärksten getriggert wird und damit auch Ihre meiste Aufmerksamkeit verdient. Ist es die Wut, die gerade überwiegt, weil Ihnen gekündigt wurde? Oder die Angst, dass Sie keinen neuen Job finden werden? Oder die klitzekleine Freude, weil Sie an Ihrer Arbeit schon lange keinen Spaß mehr hatten und Ihnen die Entscheidung, selbst zu kündigen, abgenommen wurde?

Die Freude ist es in der akuten Situation wahrscheinlich nicht, die können Sie also für den Moment ignorieren und sich später darum kümmern, wenn die beiden anderen Emotionen aus der Welt geschafft sind. Ist es die Wut oder die Angst?

Horchen Sie tief in sich hinein. Was spüren Sie am deutlichsten? Hören Sie auf die Signale, die Ihnen Ihr Körper sendet. Wo spüren Sie Ihre Emotion am meisten? Im Bauch, in der Herzgegend, im Hals, im Kopf? Fühlt es sich beklemmend an oder zucken schon Ihre Finger, weil Sie gern auf etwas einschlagen würden? Finden Sie den körperlichen Fokus Ihrer akuten Reaktion – und konzentrieren Sie sich auf ihn.

Versuchen Sie nicht, die Emotion beiseitezuschieben. In dem Moment, in dem Sie das tun, kämpfen Sie gegen Ihre Emotion an: Sie versuchen, sie zu verdrängen. Nehmen Sie sie an. Ihre Emotion ist da und sie hat eine Daseinsberechtigung. Es ist nichts falsch daran, dass es sie gibt. Spüren Sie sie, leisten Sie keinen Widerstand und halten Sie sie nicht fest. Sie werden merken, dass sie deutlich leichter zu handhaben ist, wenn Sie sie annehmen. Mehr brauchen Sie in diesem Schritt nicht zu tun.

Sich Emotionen und Gefühle bewusst zu machen, die Sie bereits in Ihrem Unterbewusstsein vergraben haben und die Sie schon eine Weile mit sich herumtragen, kann weitaus kniffliger sein. Sie haben nicht unbedingt einen Trigger, um die Emotion hervorzuholen. Sie müssen sich gedanklich triggern – und Ihr Verstand will natürlich dagegen ankämpfen, da er auf kurze Sicht kein Interesse daran hat, dass es Ihnen schlechter geht als nötig. Warum auch sollten Sie eine (negative) Emotion absichtlich hervorrufen?

Wie kommen Sie also an derartig vergrabene Emotionen heran? Vielleicht hilft es Ihnen, sich zu fragen, in welchen Alltagssituationen Sie Schwierigkeiten haben. Wann wissen Sie nicht, wie Sie richtig reagieren sollen? Wann reagieren Sie zu heftig? Wann zeigen Sie meidende Verhaltensweisen und wann weichen Sie aus? In welchen Situationen leidet Ihr Selbstbewusstsein, wann fühlen Sie sich wie ein Kind, wann wird Ihr Ego angekratzt?

Und dann versetzen Sie sich in eine dieser Situationen hinein. So gut es geht, versuchen Sie, diese Situationen zu spüren, als wären Sie gerade dort. Rufen Sie dieses Gefühl des Unwohlseins bewusst hervor, finden Sie Ihren Triggerpunkt.

Und dann spüren Sie. Spüren Sie, genau wie in akuten Situationen, welches Gefühl dieses Unwohlsein bei Ihnen hinterlässt, wo es sitzt und was es auslöst. Steigern Sie sich hinein und nehmen Sie es wahr. Welche Assoziationen kommen Ihnen in den Sinn? Welcher wunde Punkt wird hier angesprochen? Fühlen Sie sich vielleicht in eine Situation zurückversetzt, die Sie früher als traumatisch erlebt haben, in der Sie sich klein, hilflos, traurig oder unverstanden gefühlt haben?

Und nehmen Sie auch hier das Gefühl an. Es ist da und es braucht ein Ventil. Sie müssen einen Weg finden, es herauszulassen. Sonst wird es Sie ewig verfolgen.

Aufgabe

Nachdem Sie das Unterkapitel zur Selbstfürsorge und Bewusstwerdung von Gefühlen gelesen haben, nehmen Sie sich bitte einen Stift und einen Zettel in die Hand und gönnen Sie sich ein paar Minuten Zeit, um folgende Fragen zu beantworten:

1. Haben Sie einen guten Zugang zu Ihren Emotionen und Gefühlen?

2. Welche Art von Gefühlen dominieren bei Ihnen? Neigen Sie eher zu negativen Gefühlen wie Wut, Angst und Traurigkeit oder sind Sie von Natur aus eher ein optimistischer Mensch, der einen guten Zugang zu positiven Gefühlen hat?

3. Wie könnten Sie Zugang zu Ihren Emotionen bekommen, ohne sie direkt zu unterdrücken? Was könnte bei Ihnen funktionieren, um sich Ihrer Gefühle und Emotionen bewusst zu werden?

DIE NEUBEWERTUNG IHRER GEFÜHLE

Wie ich bereits erklärt habe, verstehe ich „Gefühle“ den Emotionen als übergeordnet an. Sie sind die Gesamtheit unserer Emotionen einem bestimmten Umstand gegenüber, die im Ganzen unsere Erfahrungen bilden.

Deshalb ist es bei dieser Art der Definition nicht möglich, Gefühle selbst zu verändern. Erfahrungen wurden gemacht, die Ereignisse liegen in der Vergangenheit, Sie haben keinen Einfluss darauf, was geschehen ist. Sie sind ein Teil von Ihnen geworden.

Wenn Sie Ihr Gefühl in Bezug auf etwas verändern müssen, ist der Schlüssel, Ihre Emotionen zu verändern, die dieses Gefühl prägen. Die Schwierigkeit ist, dass das Gehirn negativen Emotionen und Gefühlen immer eine größere Bedeutung beimisst als positiven. Das hat seine Ursache in der Evolutionsbiologie: das Bereuen, das Ärgern, die Trauer über ein bestimmtes Ereignis signalisieren uns, dass ein bestimmtes Verhalten, das wir in der Vergangenheit gezeigt haben, nicht gut für uns war, dass es uns also geschadet hat.

Unser Gehirn ist darauf programmiert, negative Gefühle zu meiden beziehungsweise ihre Entstehung zu verhindern – dieses Phänomen ist Teil der Konditionierungstheorie. Wir lernen also, dass jenes Verhalten, das wir in dieser Situation gezeigt haben, negative sowie unangenehme Folgen für uns hatte und werden zukünftig zu vermeiden versuchen, uns erneut so zu verhalten. Sind die Konsequenzen auf ein bestimmtes Verhalten aber positiv, gibt es keinen Grund für unser Gehirn, sich dies zu merken - es gilt ja nicht, dies zu einem späteren Zeitpunkt zu verhindern.

Dementsprechend ist es viel schwieriger, negative Emotionen aus unserem Gedächtnis zu löschen als positive. Es kostet uns mehr Energie, sie zu überschreiben oder umzuprogrammieren. Wir müssen den Vorgang immer und immer wiederholen, um das gewünschte Ergebnis zu erhalten. Wie schaffen wir das also? Und wie schaffen wir es, neue Emotionen direkt in ihrer Entstehung sozusagen an der Wurzel zu packen, sie direkt in eine positive Emotion zu transformieren, damit sie gar nicht erst als negative Emotion in unsere Gefühle, unsere Erfahrungen eingeht?

Zunächst sollten Sie verstehen, dass positive und negative Emotionen nicht zwangsweise angenehme beziehungsweise unangenehme Emotionen sein müssen. Was ich damit meine ist, dass beispielsweise auch Trauer, Wut oder Reue positiv sein können. Es kommt darauf an, wie Sie das Gefühl bewerten. Ganz klar, dass in dem Moment, in dem Sie solch unangenehme Emotionen durchleben, Sie diese als sehr negativ wahrnehmen werden - sie sind unangenehm, denn sie bringen uns dazu, uns schlecht zu fühlen. Aber trotzdem können Sie langfristig positiv sein, wenn sie dazu führen, dass Sie etwas aus der Situation lernen oder eine Angst durchbrechen, sodass Sie stärker denn je aus der Sache hervorgehen.

Bleiben wir bei einem bereits bekannten Beispiel: Ihnen wurde gekündigt. Im ersten Moment fühlen Sie sich ungerecht behandelt, denn Sie haben immer Ihr Bestes gegeben. Es überkommt Sie eine Welle der Angst, dass Sie keinen anderen Job mehr finden werden. Gleichzeitig fühlen Sie sich ein bisschen erleichtert, weil der Job Ihnen schon lange keinen Spaß mehr gemacht hat und Ihnen so die schwierige Entscheidung abgenommen wurde, ob Sie sich nicht auf eigene Faust nach etwas anderem umsehen und bei Ihrer alten Arbeitsstelle kündigen sollten.

Vielleicht ist in dieser Situation akut die Wut am stärksten. Würde diese Sie jetzt dazu verleiten, Ihren Chef anzuschreien und einen Locher nach ihm zu werfen, wäre das wohl ein Beispiel dafür, wie diese Emotion gegen Sie arbeiten würde. Alternativ können Sie aber auch versuchen, die Emotion für sich zu nutzen: Möglicherweise kann sie Ihnen eine zusätzliche Portion Motivation geben. Vielleicht gibt sie Ihnen einen letzten Schubs in die Richtung „darauf habe ich keine Lust mehr, ich gründe meine eigene Firma“. Sie kann Ihre kämpferische Seite ansprechen und der Wink mit dem Zaunpfahl für Sie sein, etwas Neues auszuprobieren. Wer weiß?

Letztlich ist die Frage, die Sie sich stellen sollten: Ist meine Emotion gerade konstruktiv oder destruktiv? Bringt sie mir einen Vorteil in meiner aktuellen Situation oder verschwende ich nur meine Zeit und meine Energie? Hilft sie mir, etwas aus der Situation mitzunehmen oder macht sie mir nur Schwierigkeiten? Das ist nicht immer leicht zu beurteilen.

Treten Sie in Gedanken einen Schritt zurück. Betrachten Sie Ihre Emotion so objektiv wie möglich. Als würden Sie wie ein Vogel über sich selbst kreisen und Sie könnten alles von oben betrachten. Stellen Sie sich die Frage, was Sie Ihrer besten Freundin sagen würden, würde sie Ihnen die Situation schildern. Was wären die relevanten Informationen, die Sie von ihr erfragen würden, um sich ein Bild zu machen? Würden Sie ihr sagen, dass ihre Emotionen berechtigt sind? Oder würden Sie ihr sagen, dass Sie ihre Reaktion zwar verstehen können, diese sie aber nicht weiterbringen wird?

Seien Sie ehrlich zu sich selbst. Wir alle neigen dazu, uns in Gefühle und Emotionen hineinsteigern zu wollen. Das ist eine natürliche Reaktion. Gerade bezüglich negativen Emotionen erscheint es oft, als hätten wir Menschen Spaß daran, uns in der Wut und im Selbstmitleid zu suhlen. Es ist, als bräuchten wir das Drama. Machen Sie sich bewusst, wenn es so weit kommt.

Führen Sie ein stilles, aber strenges Gespräch mit sich selbst und machen Sie sich klar, dass es zu nichts führt. Es macht Sie nur unglücklich, es raubt Ihnen unendlich viel Energie aus Ihrem Glas, die Sie für so viel bessere Dinge verwenden könnten, wenn Sie sich unnötig lange mit unkontrollierten, negativen Emotionen beschäftigen. Orientieren Sie sich prospektiv – fragen Sie sich lieber, welchen Schluss Sie für die Zukunft ziehen können und was Ihr nächster Schritt sein wird, anstatt in der Vergangenheit zu leben und sich über Dinge aufzuregen, die längst nicht mehr zu ändern sind.

Lernen Sie zu erkennen, wann Ihr Ego Ihnen einen Streich spielt. Das ungesunde Ego lebt von Negativität, Leid und Schmerz. Auf diesem Nährboden kann es wachsen. Es sucht den Schmerz und hält ihn fest – lassen Sie das nicht zu. Nehmen Sie ihm seine Grundlage und lernen Sie, unangenehme Gefühle und Emotionen für sich zu nutzen. Ziehen Sie das Beste aus ihnen heraus!

Auch retrospektiv können Sie sich Zeit nehmen, um alte Emotionen aufzuarbeiten, indem Sie sich genau das fragen: War eine bestimmte Emotion in der betreffenden Situation angebracht und konstruktiv? Hat sie Sie weitergebracht oder hat sie nur Ihren Verstand vernebelt und Ihnen Energie geraubt? War sie im Grunde destruktiv und hat Ihnen im Nachhinein mehr geschadet als genutzt? Gibt es Emotionen und Gefühle aus der Vergangenheit, die Sie bisher einfach nicht loslassen konnten? Was haben Sie gelernt aus der Situation und der Emotion? War es möglicherweise eine an sich negative Emotion, die Ihnen am Ende vielleicht doch eine positive Wendung ermöglicht hat?

Und befinden Sie sich in einer konkreten Situation, in der akute Emotionen auf Sie einzustürzen drohen: Atmen Sie einmal tief durch und treten Sie einen Schritt zurück. Seien Sie objektiv. Sie wollen die Emotion nicht ungefiltert in Ihr Unterbewusstsein fließen lassen. Sie wollen sie zuerst verarbeiten, sich klar werden, welche Emotion da auf sie einprasselt, sie dann auf ihre Konstruktivität oder Destruktivität hin bewerten und erst zum Schluss in Ihren Gefühls- und Erfahrungsschatz weiterleiten. So vermeiden

Sie, dass sich unverarbeitete Emotionen anstauen und Ihnen später das Leben schwer machen. Seien Sie geduldig. Je öfter Sie es versuchen, desto besser wird es Ihnen gelingen, Ihre Gefühle geordnet und gefiltert abzuspeichern.

Aufgabe

Nachdem Sie das Unterkapitel zur Selbstfürsorge und der Bewertung Ihrer Gefühle gelesen haben, nehmen Sie sich bitte einen Stift und einen Zettel in die Hand und gönnen Sie sich ein paar Minuten Zeit, um folgende Fragen zu beantworten:

1. Sind Sie ein eher impulsiver Mensch, der zu unkontrollierten Gefühlsausbrüchen neigt, oder können Sie gut einen kühlen Kopf bewahren?

2. Neigen Sie dazu, sich in negative Gefühle hineinzusteigern? Neigen Sie zu destruktiven Gefühlen und Emotionen?

3. Wie können Sie im Alltag lernen, Ihre Emotionen kontrollierter herauszulassen? Welche Situationen kennen Sie, in denen Sie zu destruktiven Gefühlen neigen? Wie können Sie Abstand dazu gewinnen? Wann sollten Sie lernen, durchzuatmen, einen Schritt zurückzutreten und die Situation möglichst objektiv zu betrachten, bevor Sie Ihren Emotionen freien Lauf lassen?

GEFÜHLE ZEIGEN

Können Sie Ihre Gefühle zeigen? Wissen Sie, wie Sie sie ausdrücken können?

Es erfordert eine Menge Mut und eine große Portion Selbstvertrauen, wenn wir unser Innerstes nach außen kehren sollen. Wahrscheinlich fällt es uns deshalb so schwer, denn sobald wir anfangen, über unsere Gefühle zu sprechen und sie nach außen zu tragen, erkennen die Menschen in unserer Umgebung unsere Schwachpunkte. Sie sehen, wo unsere Unsicherheiten liegen, wo unser empfindlichster Punkt, wo genau die Wunde sitzt, in die sie Salz streuen könnten. Davor versucht uns unser Unterbewusstsein zu schützen: Es macht uns vor, dass wir besser damit fahren, unsere Gefühle zu verbergen. Wer Schwäche zeigt, verliert, nur der Starke gewinnt – sagt uns unser Urinstinkt. **Dabei ist es für unsere seelische Gesundheit unglaublich wichtig, zu lernen, unsere Gefühle auszudrücken und das auch zu tun.**

In der Medizin und in der Psychologie ist es längst eine anerkannte Tatsache, dass lange unterdrückte Gefühle den Menschen krank machen – vor allem negative Gefühle. Dabei sind Gefühle wie Wut, Angst, Aggression oder Hass an sich erst einmal gar nicht schlimm. Jeder Mensch fühlt diese Emotionen zuweilen, sie sind Teil unserer Natur, denn in bestimmten Situationen haben sie einen evolutionären Nutzen. Der Teil in unserem Gehirn, in dem diese (und auch alle anderen) Emotionen entstehen und verarbeitet werden, ist die Amygdala, ein Teil des limbischen Systems. Dessen Aktivität entscheidet darüber, welche Gefühle entstehen, wie stark sie ausgeprägt sind und wie sie verarbeitet werden.

Entscheidet sich das limbische System dafür, eine bestimmte Emotion als Reaktion auf eine Situation zu entwickeln, setzt es sich über verbindende Nervenbahnen mit zahlreichen anderen Regionen im Gehirn in Verbindung. Diese wiederum sorgen für körperliche Reaktionen: Werden wir beispielsweise wütend, steigert unser Hirnstamm und die dort lokalisierten vegetativen Kontrollzentren die Herz- und die Atemfrequenz, erhöht den Blutdruck, spannt die Muskulatur an, verengt die Gefäße.

Auf psychischer Ebene erfolgt bei Wut ein Anpassungsprozess, der bestimmte Hirnregionen im Groß- und Mittelhirn blockiert und dazu führt, dass unser Urteilsvermögen eingeschränkt wird – dadurch sind wir in diesem zornigen Zustand nicht mehr oder zumindest weniger gut in der Lage, logischen Argumentationen zu folgen, und neigen zu Gewaltausbrüchen gegenüber anderen Menschen oder Gegenständen.

Diese körperlichen Prozesse laufen ab, egal, ob wir unsere Wut ausdrücken oder nicht. Der Unterschied besteht darin, dass wir unsere Wut schneller wieder loswerden, wenn wir ein geeignetes Ventil dafür finden. Anders gesagt: Wir explodieren einmal, setzen all die Energie frei, die die Wut in uns hervorbringt, und können die Emotion dann loslassen. Blutdruck, Herzfrequenz, unsere Atmung und unsere psychischen Prozesse normalisieren sich rasch – wir haben uns von der Emotion befreit.

Unterdrücken wir unsere Wut und finden keinen Weg, damit umzugehen und sie zu verarbeiten, manifestiert sie sich in unserem Unterbewusstsein – und damit auch in unserem Körper. Supprimieren wir negative Emotionen dauerhaft oder immer wieder und geben weder unserer Psyche noch unserem Körper Phasen der Erholung von der Emotion und ihren körperlichen Symptomen, macht es uns krank. Wir entwickeln dauerhaften Bluthochdruck, Herzkreislauferkrankungen bis hin zum Herzinfarkt. Durch die erhöhten Level an Stresshormonen neigen wir zu Magengeschwüren, Infektanfälligkeit und psychischen Erkrankungen wie Depressionen oder Angststörungen. War Ihnen beispielsweise bewusst, dass Choleriker durch diese Prozesse eine um einige Jahre verringerte Lebenserwartung im Vergleich zur Durchschnittsbevölkerung haben?

Doch nicht nur uns selbst tun wir mit dem Unterdrücken unserer Emotionen nichts Gutes: Wir schaden auch unseren Beziehungen und damit den Menschen, die uns etwas bedeuten.

In einem früheren Kapitel habe ich bereits das Thema Basisemotionen angesprochen und dass mit ihnen bestimmte mimische Mikroexpressionen korrelieren, die der Mensch nicht kontrollieren kann – und dass unser Gehirn hervorragend dazu in der Lage ist, diese Mikroexpressionen bei anderen Menschen zu lesen. Auch die Emotion Wut hat eine solche Mikroexpression: Die Augenbrauen werden nach unten gezogen und es entsteht eine kleine Falte auf der Stirn, der Blick wird starr, die Lippen angespannt und zucken. Auch wenn wir unsere Wut unterdrücken und nach außen versuchen, ruhig und gelassen zu bleiben – unsere Mitmenschen werden anhand unserer Mimik zumindest unterbewusst wahrnehmen, was wir wirklich fühlen.

Interessanterweise belegen Studien, dass wir Menschen für negative Emotionen und ihre Mikroexpressionen deutlich sensibler sind als für positive Emotionen. Aus einem bestimmten Grund: Unser Gehirn möchte uns warnen, wenn wir einem verärgerten Artgenossen begegnen, damit wir uns noch rechtzeitig zurückziehen und Konfrontationen vermeiden können. Was bedeutet das im Umkehrschluss? Wenn wir unsere Wut unterdrücken, unser Körper aber trotzdem die Signale in unsere Umwelt sendet, nehmen andere diese (zumindest unterbewusst) wahr und reagieren wiederum darauf. Sie zeigen sich latent gestresst, passiv und defensiv oder ihrerseits auch wütend und gereizt, ohne die Ursache eruieren zu können. Wir können also der Anfang einer langen Kette aus Negativität und unangenehmen Emotionen sein, nur weil wir kein gutes Ventil für unsere Emotion gefunden haben.

So viel dazu, warum Sie lernen sollten, Ihre Gefühle zu zeigen. Doch wie geht das? Wie schafft man es, seine Emotionen und seine tiefen Gefühle zu offenbaren, wenn man jahrelang erprobt ist, sie zu unterdrücken und zu verstecken?

Es ist eine schwierige Übung. Oft werden wir seit unserer Kindheit dazu erzogen, unsere Gefühle zu verstecken – wir erfahren Strafe oder Maßregelung, wenn wir wütend werden oder Unzufriedenheit äußern. Wie Sie Zugang zu Ihren Gefühlen und Emotionen finden können, habe ich Ihnen bereits erläutert – jetzt geht es darum, sie kontrolliert und angemessen herauszulassen, ohne dabei unnötig Brücken niederzubrennen oder andere mehr mit hineinzuziehen als nötig.

Finden Sie eine Vertrauensperson! Welcher Person in Ihrem Leben stehen Sie am nächsten, wer gibt Ihnen das Gefühl, Sie nicht zu verurteilen? Beginnen Sie, mit dieser Person zu sprechen. Sprechen Sie über Emotionen, die in bestimmten Situationen in Ihnen aufkamen. Sprechen Sie so offen und ehrlich, wie Sie nur können.

Dabei ist es wichtig, dass Sie nicht nur über Gefühle sprechen, die Sie in der Vergangenheit beschäftigt haben. Diese haben Sie wahrscheinlich schon (zu einem großen Teil) verarbeitet. Diese Emotionen sind Sie vielleicht schon losgeworden und sie lösen keine besondere Reaktion in Ihnen aus. Sprechen Sie über Dinge, die Sie heute beschäftigen. Die aktuellen Ereignisse in Ihrem Kopf. Reden Sie über das Problem auf der Arbeit, bei dem Sie sich ungerecht behandelt fühlen, sprechen Sie über Ihre Probleme mit Ihrem Partner, erzählen Sie von Ihren Geldsorgen oder welchen Kummer Ihnen Ihre Kinder bereiten. Sprechen Sie so frei wie möglich, ohne sich zu viele Gedanken über Ihre Wortwahl zu machen, ohne Ihre Sprache oder Ihre Stimme zu limitieren.

Und spüren Sie in sich hinein, wie Ihr Körper darauf antwortet. Wenn Sie Zugang finden zu einem bestimmten Gefühl, wird dies eine körperliche Reaktion in Ihnen auslösen. Sie werden sie spüren, irgendwo in Ihrem Bauch oder Ihrem Hals oder Ihrem Herzen. Bei manchen bebt die Stimme, bei manchen flattern die Augenlider, manche beginnen, an ihren Haaren zu zupfen. Was auch immer es ist: Lassen Sie diese Reaktion zu. Spüren Sie die körperlichen Symptome und spüren Sie, welche Konsequenzen daraus folgen. Limitieren Sie Ihren Körper nicht, indem Sie versuchen, Reaktionen „wegzuatmen“ oder „aus Ihnen herausfließen zu lassen“, wie das auf verschiedenen Internetseiten immer wieder empfohlen wird. Dadurch weigern Sie sich nur, die Emotionen zu akzeptieren. Nehmen Sie sie an, beobachten Sie diese und lassen Sie sie geschehen.

Dazu, Gefühle zu zeigen, gehört nicht nur die verbale Sprache. Es reicht nicht, dass Sie sie mündlich ausdrücken, lassen Sie auch Ihren Körper zu Wort kommen. Zum Gefühle-Zeigen gehört genauso die Körpersprache – Gestik, Mimik, Ausdruck. Vielleicht zittert Ihre Stimme oder Sie haben einen Kloß im Hals. Ihre Hände werden unruhig, die Finger werden zappelig. Vielleicht sagt Ihnen Ihr Gefühl, dass Sie den Blick senken sollen oder dass Sie aufstehen und umhergehen sollen, oder sogar zu weinen, zu lachen, die

Augen zu rollen.

Sie können die Arme vor der Brust verschränken oder die Hand Ihrer Vertrauensperson halten. Es ist egal, was Sie tun! Tun Sie das, was von allein kommt, vertrauen Sie auf Ihre Intuition, machen Sie, was sich in diesem Moment richtig und authentisch anfühlt. Schämen Sie sich nicht dafür! Sie machen das genau richtig. Es gibt kein Richtig oder Falsch, kein Normal oder Komisch. Es sind Ihre Gefühle und es gibt genau Ihre Art, mit Ihnen umzugehen. Nur weil jemand anderes das anders macht, muss es für Sie nicht richtig sein. Erweisen Sie sich selbst Respekt für Ihren Mut und geben Sie sich die Freiheit, Sie selbst zu sein.

Vergessen Sie aber nicht, dass nicht nur negative Gefühle ausgedrückt werden möchten. Vielleicht ist das sogar noch wichtiger für Ihre Selbstfürsorge, positive Gefühle zu zeigen und mit anderen zu teilen. Nicht umsonst heißt es, dass Glück das einzige ist, das größer wird, wenn man es teilt.

Machen Sie den Menschen in Ihrer Umgebung ehrliche Komplimente. Sagen Sie ihnen, was Sie an ihnen mögen und was Sie beeindruckt, wenn sie etwas besonders gut können oder Sie an ihnen etwas besonders schätzen. Senden Sie positive Signale in die Welt – und zwar wieder einmal nicht nur verbal, sondern lassen Sie Ihren Körper diese Signale ausdrücken. Ihre Mitmenschen werden sehen, wenn Sie ein Kompliment ernst meinen, wenn es aus Ihrem tiefsten Herzen kommt.

Holen Sie sich aus Ihrer Komfortzone heraus! Machen Sie auch mal jemandem auf der Straße ein Kompliment, den Sie noch nie zuvor in Ihrem Leben gesehen haben. Sagen Sie der Frau an der Bushaltestelle, dass Ihnen ihr Lächeln gefällt, oder dem netten Kassierer, dass er einen guten Job macht. Seien Sie kreativ, suchen Sie nach Situationen, in denen Sie ernst gemeinte Komplimente verteilen können. Sie werden überrascht sein, wie viel Positivität und gute Laune Sie damit verbreiten können – und wie viel Sie dafür zurückbekommen!

Und am wichtigsten: Sagen Sie den Menschen, dass Sie sie lieben.

Besonders den wichtigen Menschen in Ihrem Leben!

Ich persönlich habe einmal ein kleines Experiment an mir selbst durchgeführt, innerhalb dessen ich eine Woche lang jeden Tag einem Menschen, der mir nahesteht, eine Nachricht geschickt oder ihn angerufen habe, einfach nur, um ihm zu sagen, was er mir bedeutet. Zum Teil waren es Menschen aus meiner Familie, zum Teil Freunde, die ich teilweise schon lange nicht mehr gesehen hatte. Ich habe selten so viel Positivität und Liebe zurückbekommen! Das hat sich sehr auf mich ausgewirkt, ich war leistungsfähiger, fröhlicher und motivierter – die ganze Woche lang und noch darüber hinaus! Die Menschen waren glücklich, denn es ist selten, dass man ein Kompliment einfach so ohne Zusammenhang bekommt. Und ich war glücklich, weil die wichtigsten Menschen in meinem Leben glücklich waren – durch etwas, das ich ganz einfach, ohne Aufwand und ohne viel Zeit für sie tun konnte. Probieren Sie es doch auch einmal aus!

So viel ist sicher: Je mehr Liebe und Freude Sie ausstrahlen, desto mehr werden Sie es auch selbst anziehen. Desto mehr werden Ihnen die schönen Dinge in Ihrem Alltag auffallen. Desto mehr Dankbarkeit und Glück werden Sie verspüren, auch für Kleinigkeiten in Ihrem Leben. Es wird Ihre Stimmung heben, jedes Mal, wenn Sie ein Lächeln zurückbekommen.

Ihrer Seele wird das enorm guttun. Es wird Ihr psychisches Wohlbefinden deutlich steigern, denn je mehr Positives Sie selbst in Ihrem Alltag sehen, desto mehr werden Sie auch spüren, dass Sie es selbst hervorbringen können. Sie sind nicht irgendein Zahnrad in einer Maschinerie, die von irgendwoher angetrieben wird. Sie sind für Ihr Glück und Ihr seelisches Wohlbefinden mitverantwortlich und Sie sind in der Lage, durch kleine Handlungen sehr viel zu bewirken. Nehmen Sie Ihr Glück wieder selbst in die Hand und seien Sie der Anfang einer Kette aus Positivität und Liebe.

Aufgabe

Nachdem Sie das Unterkapitel zur Selbstfürsorge und dem Zeigen von Gefühlen gelesen haben, nehmen Sie sich bitte einen Stift und einen Zettel in die Hand und gönnen Sie sich ein paar Minuten Zeit, um folgende Fragen zu beantworten:

1. Wann haben Sie zuletzt mit jemandem bewusst über Ihre Gefühle und Emotionen gesprochen? Egal, ob positive oder negative?

2. Wer ist Ihre Vertrauensperson, wenn Sie über Gefühle sprechen?

3. Wo in Ihrem Alltag können Sie konkret beginnen, über Gefühle zu sprechen? Was können Sie verändern, um Ihre Emotionen nicht mehr in sich hineinzufressen? Mit wem könnten Sie über Gefühle sprechen, mit dem Sie das noch nie getan haben?

4. Wem könnten Sie sagen, dass Sie ihn oder sie lieben?

Die Beziehungsebene

Der Mensch ist ein soziales Wesen. Wir sind keine Einzelgänger, wir brauchen soziale Kontakte und Beziehungen, andere Menschen, denen wir nahestehen, ein Netzwerk aus Familie und Freunden, Nachbarn und Bekannten. Wir können verschiedene Arten von Verhältnissen zu diesen Menschen aufbauen und jedes davon hat eine einzigartige Dynamik, Komplexität und Sinnhaftigkeit. Wir schlüpfen in unterschiedliche Rollen, ganz davon abhängig mit wem wir es gerade zu tun haben, zeigen jedes Mal eine andere Facette unseres Charakters. Wir entwickeln uns mit anderen Menschen gemeinsam weiter, entwickeln uns zu ihnen hin oder von ihnen weg. Aber wir können nicht ohne sie: Wir brauchen Beziehungen zu anderen Menschen.

Bereits im Mutterleib entwickeln wir eine Bindung zu den Menschen in unserem Umfeld. Bevor wir sie das erste Mal sehen, hören wir ihre Stimmen, spüren Berührungen durch die Bauchdecke hindurch, sammeln auf diesem Weg Informationen zu ihrem Geschlecht, ihrer Gefühlslage und zu ihren Beziehungen untereinander. Manche Wissenschaftler gehen davon aus, dass wir schon als Neugeborene, also in den ersten sechs Wochen unseres Lebens, einen Wortschatz aus bis zu 50 alltäglich genutzten Wörtern verstehen und einordnen können. Bereits zu dieser Zeit können wir Emotionslagen aufnehmen und wahrnehmen, sie haben unser Leben lang Einfluss auf unsere psychische Entwicklung und Stabilität, indem sie Einfluss sogar auf das Erbgut unserer Zellen nehmen. Mit diesen Phänomenen beschäftigt sich ein ganzes wissenschaftliches Fachgebiet: die Epigenetik.

Menschliche Babys, denen von Geburt an keine Bezugsperson zur Verfügung steht, denen also Liebe und Bindung entzogen werden, versterben innerhalb kürzester Zeit. Nur Nahrung, Wärme und eine trockene Windel reichen nicht für unser Überleben - Beziehungen sind ein ebenso essenzieller Faktor für uns. Natürlich werden wir mit dem Alter immer unabhängiger, doch wirklich loslassen wird uns das Bedürfnis nach menschlichen Kontakten nie. Werden sie uns dennoch entzogen, werden wir eigentümlich und sonderbar, wir verlernen, wie man sozial angemessen interagiert, wir bekommen psychische Probleme bis hin zu manifesten Erkrankungen.

Dieses Verhalten hat aus evolutionstechnischer Sicht klare Vorteile: Die Gruppe als Ganzes ist stärker als der Einzelne. Das Kollektiv schützt die zugehörigen Individuen vor Angriffen, es kümmert sich im Krankheitsfall, viele verschiedene Talente können zusammen mehr erreichen als jeder einzelne für sich selbst. Die Nachkommen können besser versorgt werden und bilden untereinander wieder Bindungen aus, die ihnen später nützlich sein werden. Die jüngeren Gruppenmitglieder sorgen für die Älteren, während diese ihre Erfahrungen weitergeben können.

Zwar geht es heute nicht mehr um das Überleben in der freien Wildnis, dennoch haben wir diese Bedürfnisse von unseren Vorfahren erhalten und geben sie an unsere Nachkommen weiter. Wir sind immer noch abhängig davon, zu einer bestimmten Gruppe zugehörig zu sein - zumindest emotional gesehen. Unsere Psyche sehnt sich nach der Unterstützung durch Gleichgesinnte. Wir alle suchen unseren Platz in dieser Welt. Dementsprechend haben Beziehungen zu anderen Menschen kein bisschen an Wichtigkeit für uns verloren - die zugrundeliegenden Prioritäten haben sich nur ein wenig geändert.

Gerade weil die Beziehungen zu anderen Menschen so enorm wichtig und unerlässlich für uns sind, sind sie auch ein unersetzlicher Teil in Ihrer Selbstfürsorge. Wer kennt es nicht, dass einem ein Streit mit einer geliebten Person gut und gern eine ganze Woche versauen kann, wenn wir es nicht schaffen, ihn aus der Welt zu räumen?

Die Beziehungen, die wir pflegen, sollten uns deshalb keine Energie nehmen. Sie sollten eine Quelle für Energie, Positivität und Lebensfreude sein. Die Menschen, denen wir unsere Zeit schenken (und ich sage bewusst:

schenken!), sollten uns guttun, glücklich machen, sie sollten das wertzuschätzen wissen.

Leider erlebe ich es viel zu oft, dass Menschen in unausgeglichenen, teils sogar toxischen Beziehungen feststecken. Damit meine ich nicht nur Liebesbeziehungen, sondern auch Freundschaften, Arbeitsbeziehungen und Verwandtschaftsverhältnissen. Sie halten zu sehr an einem Menschen fest, der ihnen nicht guttut, oder sie müssen aus von äußeren Umständen abhängigen Gründen Zeit mit ihm verbringen – sie kommen also nicht von ihm los. Und das, obwohl die Beziehung ihnen nichts gibt, sondern ihnen nur Energie nimmt. Sie lassen sich ausnutzen, sagen nicht nein, spüren selbst, dass das Verhältnis nicht gleichmäßig ist und dass sie zu viele Kompromisse eingehen. Warum aber schaffen sie es nicht, loszulassen?

Der Mensch ist gierig. In den sozialen Medien ist nur erfolgreich, wer so viele Follower hat wie möglich. Beliebt ist, wer die meisten Daumen nach oben bekommt. Wir richten unser Leben nach Zahlen aus, wir achten auf Quantität anstatt auf Qualität – beim Einkaufen, im Internet, bei unserer Arbeit und auch bei unseren Beziehungen. Wir werden geprägt, so viele Freundschaften wie möglich haben zu müssen, und vergessen, dass eine einzige, wahre Freundschaft uns viel mehr geben würde als zehn halbherzige.

Wir haben verlernt, allein zu sein. Wie viele Menschen haben Sie in Ihrem Freundeskreis, die sich nie bei Ihnen melden, es sei denn, sie brauchen irgendetwas von Ihnen oder haben gerade niemand anderen gefunden, der Zeit für sie hat? Ich bin mir sicher, dass die meisten von uns solche Menschen kennen. Und dann überlegen Sie mal weiter: Tun Sie das auch? Gibt es Menschen in Ihrem Leben, die Sie nur als Lückenbüßer benutzen? Ich mache Ihnen keinen Vorwurf deshalb. Kein bisschen! Es ist ein natürliches Verhalten, das wir von Kindesbeinen an erlernen und das nicht einfach so verschwindet. Die meisten Menschen sind nicht gern (dauerhaft) allein und das ist auch gut so.

Doch wenn wir diese Zweckfreundschaften aussortieren oder ändern wollen, müssen wir uns aktiv dafür entscheiden und auch aktiv etwas tun. Wir müssen Zweckfreundschaften und vor allem toxische Freundschaften erkennen können und dann mit ihnen umgehen, wir müssen sie beenden können und für uns einstehen. Und der Grundstein dafür ist, dass wir eine gute Beziehung zu uns selbst haben. Eine Beziehung, die uns genug Selbstvertrauen gibt, eine, die wir gern führen, weil sie uns genügend Unterstützung gibt.

Das ist das Schwierigste: eine gute Beziehung zu sich selbst aufzubauen, nicht vor ihr davonzulaufen, nur weil es anstrengend ist, sie zu kultivieren und aufrechtzuerhalten. Wie geht das also?

ZWECKFREUNDSCHAFTEN UND TOXISCHE BEZIEHUNGEN ERKENNEN

Klar, dass wir toxische Beziehungen und Freundschaften loswerden wollen. Wir wollen nicht unsere Energie an Menschen verschwenden, die es nicht zu schätzen wissen, was wir für sie tun. Wir wollen ausgeglichene Beziehungen haben, die uns genauso viel geben, wie wir in sie investieren.

Wir wollen Dankbarkeit und Unterstützung erfahren von unseren Freunden und unserer Familie und keine Missbilligung und Neid. Doch fällt es einem manchmal nicht leicht, die Beziehungen zu geliebten Menschen einzuordnen, weil wir gern das Gute in ihnen sehen und nicht glauben wollen, dass wir ausgenutzt werden. Und hinzukommt, dass wir einen subjektiven Blick auf die Beziehungen haben, die wir führen. Nicht nur mit Freunden oder Lebenspartnern können wir toxische Beziehungen führen, auch mit Menschen aus unserer Familie – sogar zu unseren Eltern und Geschwistern. Gerade diese Menschen schaffen es sehr leicht, uns zu manipulieren, schließlich sind es die Menschen in unserem Leben, die uns schon am längsten und am besten kennen. Wir haben meist jahrelang mit ihnen unter demselben Dach gewohnt, gemeinsam gegessen, sind gemeinsam in den Urlaub gefahren und haben mit ihnen in einem Zimmer geschlafen.

Unsere Eltern haben uns jahrelang großgezogen, uns eingekleidet und ernährt, uns Liebe gegeben und zur Schule gefahren. Zu leicht verfällt man deshalb in das Gefühl, ihnen etwas schuldig zu sein, oder in das Gefühl, sich rechtfertigen zu müssen, wenn man Entscheidungen gegen ihren Willen trifft. Doch sollten gerade diese Menschen uns bedingungslos lieben, unterstützen und akzeptieren, so wie wir sind, oder? Ohne dass sie eine spezifische Gegenleistung dafür erwarten.

Was macht eine toxische Beziehung aus? Und wie erkennen Sie sie, wenn Sie in ihr stecken? Diese Fragen sind nicht ganz einfach zu beantworten, denn toxische Beziehungen können sehr unterschiedlich aussehen. Sie sind vielfältig – ebenso wie gute Beziehungen vielfältig und facettenreich sind.

Ganz allgemein kann man sagen: Eine toxische Beziehung ist eine, die dem Betroffenen auf Dauer nicht guttut. Sie kann psychisch krank machen, den Menschen in eine Abhängigkeit führen, das Selbstwertgefühl zerstören und Ängste und Schuldgefühle verstärken. Es ist eine Beziehung, in der eine starke Dysbalance herrscht, eine Beziehung ohne Gleichgewicht, in der die Partner sich nicht auf Augenhöhe begegnen. Bildlich ausgedrückt gibt es einen Donor (das ist derjenige, der gibt) und den Akzeptor (derjenige, der nimmt, ohne etwas zurückzugeben). Wie die Situation zwischen den beiden konkret aussieht, kann sehr unterschiedlich sein.

Aber passen Sie auf: Nur weil Ihnen eine bestimmte Beziehung zu einem Menschen im Moment nicht guttut oder weil sie im Moment ein wenig aus dem Gleichgewicht geraten ist, heißt das nicht automatisch, dass es eine toxische Beziehung ist. Hier ist es wichtig, eine Unterscheidung zwischen einer toxischen und einer temporär unausgeglichenen Beziehung zu treffen – und diese Unterscheidung ist nicht immer einfach. In jeder Beziehung gibt es Zeiten, in denen einer der beiden Partner mehr nimmt, als er gibt, während der andere im Umkehrschluss mehr gibt, als er zurückbekommt. Das ist nichts Schlechtes.

Hat Ihre beste Freundin Liebeskummer, kümmern Sie sich selbstverständlich für ein paar Wochen mehr um sie, als sie sich um Sie kümmert. Sie ist in diesem Moment diejenige, die Ihre Unterstützung dringender braucht. Dafür wird sicherlich eine Zeit kommen, in der Sie stärker ihre Hilfe und Zuwendung brauchen - und dann wird sie für Sie da sein. Es ist nur wichtig, dass sich dieses Geben und Nehmen über einen längeren Zeitraum in der Waage hält, dass also die Rollen des Donors und des Akzeptors wechseln und nicht dauerhaft gleich bleiben.

Das Problem in toxischen Beziehungen ist in der Regel die emotionale Abhängigkeit vom anderen. Klar, gäbe es diese nicht, würden wir kaum in einer toxischen Beziehung mit jemandem hängen bleiben. Wir würden uns verabschieden von der Person, sobald wir merken, dass sie uns nicht guttut und uns nur Leid bringt. In einer toxischen Beziehung bringt uns die andere Person dazu, uns schuldig zu fühlen, uns rechtfertigen zu wollen, uns herabzuwürdigen. Sie macht uns herunter, hält uns klein, aber je mehr sie das tut, desto mehr wollen wir ihr gefallen und uns ihre Anerkennung erkämpfen - auch wenn wir wissen, dass es niemals genug sein wird, was wir versuchen.

Eine toxische Beziehung ist geprägt von Streit, Kritik und Vorwürfen. Dies kann in offensichtlicher ebenso wie in versteckter und subtiler Art und Weise passieren. Es gibt Menschen, die Meister der Manipulation sind: Sie wissen genau, wie sie direktiv Fragen stellen können, die auf den ersten Blick nach Sorge aussehen, bei genauerem Hinsehen aber nur aus Vorwürfen und Demütigung bestehen.

Um eine toxische Beziehung zu erkennen, fragen Sie sich: Wie fühlen Sie sich dem anderen gegenüber? Haben Sie das Gefühl, Sie beide bewegen sich auf Augenhöhe? Sind Sie gleichwertige Partner oder haben Sie das Gefühl, unter der anderen Person zu stehen? Werden Ihre Bedürfnisse ernst und wahrgenommen oder werden Sie immer wieder unter den Teppich gekehrt? Können Sie offen sprechen, ohne dass die andere Person den Spieß umdreht und Ihnen Gegenvorwürfe macht? Können Sie auch mal Kritik äußern, ohne dass Sie direkt ebenfalls kritisiert werden? Fühlen Sie sich geschätzt und unterstützt in der Beziehung?

Und ist das nur ein gegenwärtiger Zustand oder zieht sich eine Dysbalance durch die gesamte Beziehung? Würden Sie im Allgemeinen sagen, dass Ihre Beziehung ausgeglichen ist, sie also zurückbekommen, was Sie investieren?

Passen Sie auf, dass Sie nicht selbst in die Rolle desjenigen abrutschen, der Vorwürfe und Kritik übt, sich selbst aber für unfehlbar hält. Auch Sie machen Fehler und auch Sie fordern manchmal Dinge von anderen, die diese nicht erfüllen können. Das bedeutet nicht gleich, dass Ihre Bedürfnisse nicht geschätzt werden. Seien Sie selbstkritisch mit sich, aber nicht unbarmherzig. Versuchen Sie auch hier, einen Schritt zurückzutreten und Ihre Beziehung von einem objektiven Standpunkt aus zu betrachten.

Versuchen Sie, die Sprache des anderen zu verstehen. In der Psychologie gibt es ein Modell, das sich mit den „Sprachen der Liebe“ befasst – es postuliert, dass jeder Mensch in der Liebe eine bestimmte Sprache spricht und diese nicht immer kompatibel ist mit der Sprache eines anderen. Manche Menschen drücken Zuneigung und Unterstützung zum Beispiel eher durch Geschenke und kleine Aufmerksamkeiten aus, andere durch physische Berührungen und Liebkosungen, wieder andere durch verbale Sprache. Machen Sie sich klar, welche Sprache Sie sprechen, um Unterstützung und Liebe zu vermitteln und versuchen Sie zu verstehen, welche Sprache der andere spricht. Versetzen Sie sich in ihn hinein – vielleicht sehen Sie dann deutlicher, was er mit bestimmten Gesten oder Worten ausdrücken will. Vielleicht haben Sie es nicht verstanden, weil Ihre Ohren auf eine andere Sprache der Liebe eingestellt waren.

Dieses Modell lässt sich auf verschiedene Situationen übertragen. Jede Art von Emotion kann ihre eigene Sprache haben, die es verstehen zu lernen gilt. Mit manchen Personen fällt es uns leichter, weil sie bereits eine ähnliche Sprache sprechen, mit anderen ist es schwieriger. Aber es ist nicht unmöglich – es ist, wie eine Fremdsprache zu lernen. Versuchen Sie es!

Wenn Sie die Mehrheit der oben genannten Fragen mit Nein beantworten mussten, werden Sie vielleicht feststellen, dass Sie in der einen oder anderen toxischen Beziehung stecken. Dass Sie Beziehungen zu Menschen unterhalten, die Ihnen nicht guttun und das Potenzial besitzen, Sie auf psychische Weise nachhaltig zu schädigen. Das sind Beziehungen, die Sie entweder dringend loswerden oder grundlegend ändern sollten. Vielleicht beantworten Sie die meisten Fragen aber auch mit Ja und denken sich trotzdem, in Bezug auf die eine oder andere Beziehung, dass Sie mit ihr nicht ganz glücklich und zufrieden sind. Dass es eine Beziehung ist, die zwar (noch) keine toxischen Züge besitzt, aber Ihnen trotzdem nicht so richtig Energie und Freude gibt. Dabei handelt es sich, möglicherweise, um reine Zweckfreundschaften.

Der Übergang von einer Zweckfreundschaft in eine toxische Beziehung mit dieser Person ist fließend. Es gibt keine Skala oder keinen Fragebogen, der Ihnen die Antwort darauf geben könnte, wo diese Grenze liegt. Der Unterschied ist aber, dass Zweckfreundschaften einfacher aufzugeben sind, weil keine emotionale Abhängigkeit dahintersteht, die es einem schwer macht.

Zweckfreundschaften sind oft solche, die wir mit Menschen führen, die wir gezwungenermaßen häufig sehen – auf der Arbeit, in der Schule, im Fitnessstudio oder wo auch immer Sie Ihre Zeit verbringen. Es sind Menschen mit denen wir gut auskommen, aber mit denen sich die Beziehungen schnell in Luft auflösen, wenn wir sie nicht mehr regelmäßig treffen. Es sind Freundschaften, in denen man schnell vergisst, sich mal zu melden, wenn es stressig wird. Menschen, die wir mögen, die aber keine wirklich bedeutende Rolle in unserem Leben spielen.

Die Mehrzahl unserer Beziehungen sind Zweckfreundschaften,

zumindest bei den meisten Menschen, die sich bisher keine Gedanken um ihre verschiedenen Beziehungsmuster gemacht haben. Nur ein kleiner Kreis aus Menschen kann tiefe Beziehungen mit uns führen – der Mensch ist gar nicht dazu in der Lage, viele Menschen wirklich eng an sich heranzulassen. Die Kunst ist es, diese zu finden und zu erhalten, zu fördern und wertzuschätzen.

Natürlich ist im Grunde gegen Zweckfreundschaften nichts einzuwenden – wir brauchen auch diese Art von Beziehungen in unserem sozialen Netzwerk. Doch sollten wir lernen, dass die Meinung und das Wohlwollen dieser Menschen, die für uns zu dieser „Beziehungskategorie" gehören, für uns keine Rolle spielen sollten. Sie kennen uns nicht richtig – sie können nicht einschätzen, was gut für uns ist und was schlecht. Wir können eine schöne Zeit mit ihnen haben, doch danach geht jeder seiner Wege und sollte sich nicht von anderen abhalten lassen, Dinge zu tun, die er gern tun möchte.

Machen Sie sich klar, welche Menschen zu denen gehören, deren Meinung wirklich etwas zählt – unabhängig davon, in welchem Verwandtschaftsverhältnis sie zu uns stehen. Wessen Meinung ist Ihnen etwas wert, weil die Person Sie und Ihren innersten Wesenskern kennt? Wen würden Sie von sich aus um seine Meinung bitten? Und dann nehmen Sie bewusst auch nur Ratschläge von diesen Personen an. Die Meinungen anderer spielen keine Rolle für Sie.

Das ist selbstfürsorglich: Natürlich können verschiedene Perspektiven auf ein Problem Ihnen neue Ideen geben, Sie inspirieren und vielleicht Fehler verhindern. Auf der anderen Seite verunsichern aber zu viele Meinungen ungemein. Fragen Sie hundert Menschen nach ihrer Meinung zu einem bestimmten Thema, werden Sie wahrscheinlich hundert verschiedene Antworten bekommen – und jede wird in irgendeiner Weise eine Begründung und damit eine Daseinsberechtigung haben. Aber hilft Ihnen das wirklich, wenn Sie eine Entscheidung treffen sollen? Oft ist es deshalb sinnvoller, sich gezielt Meinungen von Menschen einzuholen, denen Sie vertrauen und dem Rest der Welt zu sagen: „Danke für die Anteilnahme, ich habe aber schon eine fundierte Entscheidung getroffen, die sich für mich richtig anfühlt." Tun Sie sich selbst etwas Gutes und hören Sie mehr auf sich selbst und Ihre eigene Intuition als auf die beinahe fremder Mitmenschen!

Aufgabe

Nachdem Sie das Unterkapitel zur Selbstfürsorge und Beziehungskategorien gelesen haben, nehmen Sie sich bitte einen Stift und einen Zettel in die Hand und gönnen Sie sich ein paar Minuten Zeit, um folgende Fragen zu beantworten:

1. Mit welchen drei bis fünf Menschen haben Sie eine enge Beziehung, die auf bedingungsloser Unterstützung basiert?

2. Mit welchen Menschen haben Sie das Gefühl, eine unausgeglichene Beziehung zu führen? Mit welchen Menschen hat diese Beziehung toxische Züge und was sind reine Zweckfreundschaften?

3. Was können Sie tun, um toxischen Beziehungen die Wichtigkeit zu entziehen?

SCHLECHTE BEZIEHUNGEN ÄNDERN UND AUFLÖSEN

Nun haben Sie sich damit auseinandergesetzt, wie Ihre Beziehungen aufgebaut sind, und vielleicht die eine oder andere darunter identifiziert, die nicht dem entspricht, was Sie sich von ihr wünschen. Sie haben Verbindungen zu Menschen entdeckt, die Ihnen keine Energie geben, sondern sie Ihnen nur entziehen. Sie wissen, wer Ihre wahren Freunde und Unterstützer sind und bei wem Sie sich unverstanden und im schlimmsten Fall sogar verurteilt fühlen.

Was tun Sie nun mit solch negativ aufgeladenen Beziehungen? Müssen

Sie sie ausnahmslos aus Ihrem Leben streichen und den Kontakt abbrechen? Nein!

Es kommt ganz darauf an, welcher Art die Beziehungen sind. Sie haben sich Gedanken gemacht und Ihnen ist vielleicht sogar bereits bewusst geworden, was es ist, was Sie an der betreffenden Beziehung stört, was Ihnen fehlt oder was zu viel ist. Sie haben ein objektives Bild bekommen, soweit das aus Ihrer Perspektive auf die Beziehung möglich ist.

Sollten Ihnen toxische Beziehungen aufgefallen sein, in denen der Partner Sie nur manipuliert, mit Vorwürfen überhäuft, Ihnen Schuldgefühle einredet und Sie herabwürdigt, rate ich Ihnen, diese Beziehungen ohne Rücksicht auf Verluste zu beenden. Brechen Sie den Kontakt ab. Wenn es Ihnen hilft, führen Sie ein Gespräch mit der anderen Person, erklären Sie sachlich, aber bestimmt, dass die Beziehung leider keinen Sinn mehr für Sie hat und Sie sie deshalb beenden möchten. Lassen Sie sich nicht auf Diskussionen ein - Sie werden sie verlieren! Es sollte ein rein informatives Gespräch für die andere Person sein und keinen Verhandlungsspielraum lassen. Ist es eine toxische Beziehung, ist die Dynamik innerhalb der Verbindung sowieso schon zu kaputt, als dass sich da noch etwas reparieren ließe. Ersparen Sie sich Leid, Schmerz und kostbare Zeit und stehen Sie zu dieser Entscheidung.

Mir ist bewusst, wie schwer das sein kann. Immerhin lebt eine toxische Beziehung von einer gewissen emotionalen Abhängigkeit. Es gehört eine Menge Mut, Entschlossenheit und Willenskraft dazu, eine solche Beziehung zu beenden. Machen Sie sich bewusst, dass der Schmerz, den Sie durch das Auflösen dieser Beziehung erfahren, im ersten Moment heftig ist, dass er aber schneller vergehen wird, als würden Sie die Beziehung fortführen.

Die meisten Menschen, mit denen wir toxische Beziehungen führen, sind Narzissten und haben dementsprechend kein gutes Gespür dafür, was sie anderen antun und zumuten. Sie verspüren keine Einsicht dahin gehend, dass es rücksichtslos oder respektlos ist, wie sie ihre Mitmenschen behandeln. Deshalb kommt es auch selten vor, dass sie sich ändern. Wie gesagt: Ersparen Sie sich diese Farce und halten Sie sich vor Augen, wie befreit Sie sich fühlen werden, wenn Sie dieser Person den Rücken gekehrt haben.

Emotionale Abhängigkeit zu spüren und ist hart, doch Sie können ohne diese Person leben. Halten Sie sich lieber an Menschen, die Sie wirklich zu schätzen wissen, die Sie lieben und unterstützen, ohne Bedingungen zu stellen und ohne sich auf Ihre Kosten besser zu fühlen. Holen Sie sich Hilfe bei ihnen! Sie haben es verdient, Beziehungen zu führen, die Ihnen Energie, Liebe und Glück bringen! Sie sollten Verbindungen mit Menschen haben, die Ihr Selbstwertgefühl und Ihr Selbstvertrauen stärken, die Ihnen helfen, sich besser zu fühlen und Sie selbst zu sein! Seien Sie selbstfürsorglich, respektieren Sie sich selbst und Ihre begrenzte Zeit und trennen Sie sich von denen, die das nicht tun!

Doch wie sieht es mit Beziehungen aus, die keinen toxischen Charakter haben, aber dennoch in ein Ungleichgewicht gekommen sind? Oft meinen andere Menschen es nicht böse, aber trotzdem hat sich eine Dynamik in die Beziehung eingeschlichen, die Ihnen nicht guttut, die die Beziehung für Sie zu einem Problem macht. Das ist eine knifflige Situation!

Ein **Beispiel**: Kennen Sie diese Art Menschen, die im Grunde ihres Herzens nur Gutes wollen, anderen helfen und sie unterstützen wollen, aber dies immer versuchen, indem sie ungefragt ihre Ratschläge und Meinungen aufdrängen? Sie versuchen beispielsweise, Ihr Kind richtig zu erziehen, und haben dafür eine bestimmte Methode, die für Sie und Ihren Ehepartner sowie für Ihr Kind funktioniert. Ihre Mutter aber redet Ihnen immer wieder hinein und versucht, Ihnen ihre Meinung und ihre Methoden unterzujubeln - diese entsprechen aber nicht Ihren Einstellungen und Werten. Sicherlich möchte Ihre Mutter in diesem Fall nur das Beste für Sie; immerhin hat sie selbst schon Sie und vielleicht Ihre Geschwister großgezogen. Sie hat eine Menge Erfahrung und will Ihnen nur tatkräftig zur Seite stehen. Doch erreicht sie damit nur, dass Sie Widerstand gegen sie und ihre Ratschläge aufbauen. Wie gehen Sie mit einer solchen Situation um?

Zunächst heißt es für Sie wieder: Treten Sie einen Schritt zurück! Atmen Sie durch und versuchen Sie, ein wenig Abstand zur Situation zu gewinnen. Es ist nur zu verständlich, dass Sie sich aufregen und emotional angespannt und verärgert reagieren, wenn Ihre Mutter sich mit Ratschlägen einmischt, um die Sie nicht gebeten haben. Sie fühlen sich kontrolliert und haben den Eindruck, Ihre Mutter würde nicht an Sie glauben. Doch versuchen Sie, diese Gefühle einmal zu objektivieren: Ihre Mutter glaubt sicher an Sie, aber trotzdem möchte sie Ihnen helfen. Sie möchte, dass Sie nicht die gleichen Fehler machen wie sie, dass Sie von ihren Erfahrungen profitieren. Versuchen Sie, Ihre Probleme mit der Beziehung nicht in einem emotional aufgeladenen Moment zu klären, dadurch machen Sie möglicherweise mehr kaputt, als sie verbessern. Suchen Sie sich lieber einen ruhigen Moment, um über Ihre Gefühle zu sprechen. Sie werden mehr erreichen, wenn Sie beide mit einer guten, ausgeglichenen Stimmung in das Gespräch gehen. Überlegen Sie sich vorher, was genau Sie stört und was Sie gern ändern möchten, aber auch welche Kompromisse Sie bereit sind einzugehen. Legen Sie Grenzen fest, die für Sie nicht diskutabel sind, und kommunizieren Sie Ihre Erkenntnisse offen und ehrlich. Seien Sie darauf gefasst, dass Ihr Gegenüber Ihnen Widerstand entgegenbringen wird. Niemand von uns wird gern kritisiert oder hört gern, dass er sich zurücknehmen soll.

Es ist völlig normal, dass die Menschen darauf im ersten Moment defensiv reagieren. Seien Sie souverän und lassen Sie sich nicht in eine ebenso defensive Haltung hineinziehen – das artet nur in Streit aus. Geben Sie der anderen Person Zeit, ihren Standpunkt klarzumachen, und nehmen Sie auch mögliche Kritik an Ihnen an. Denken Sie darüber nach und gleichen Sie sie mit den Limits und Kompromissen ab, die Sie sich gesetzt haben. Setzen Sie sich aber auch durch! Es ist wichtig, dass Sie anderen Ihre Grenzen aufzeigen und Konsequenzen ziehen, wenn diese nicht respektiert werden.

In diesem Beispiel: Es ist Ihr Kind. Sie allein sind verantwortlich für die Erziehung (natürlich gemeinsam mit Ihrem Ehepartner), aber nicht Ihre Mutter. Sie entscheiden, was das Beste für Ihr Kind ist – immerhin kennen Sie es besser als jeder andere. Sie sind die Person, die die meiste Zeit mit Ihrem Kind verbringt und die das Leben für Sie beide auf die Reihe kriegen muss. Niemand kann Ihre Lage besser beurteilen als Sie. Vertrauen Sie auf sich und Ihren Instinkt! Machen Sie Ihrem Gegenüber klar, dass es für Sie keine Option ist, die Beziehung so wie jetzt einfach weiterlaufen zu lassen. Sie wollen, dass die Verbindung bestehen bleibt, aber Sie wünschen eine Änderung der Dynamik. Machen Sie deutlich, dass die andere Person Ihnen wichtig und dass sie ein unersetzlicher Teil Ihres Lebens ist, aber dass Sie zu den gegebenen Regeln nicht mehr mitspielen wollen. Und versuchen Sie, einen Kompromiss zu finden, mit dem Sie beide leben können. Ebenso wenig können Sie verlangen, dass die andere Person nur zu Ihren Regeln mitspielt – in einer Beziehung zwischen zwei Menschen müssen beide glücklich sein.

Haben Sie keine Angst, Gefühle zu verletzen. Stehen Sie zu sich und Ihren Bedürfnissen! Seien Sie freundlich und mitfühlend, aber dennoch bestimmt. Es ist Ihre Aufgabe, etwas für sich selbst zu tun, sich selbst zu respektieren und Entscheidungen zu treffen, die gut für Sie sind. Menschen, die Sie lieben und das Beste für Sie wollen, werden es verstehen. Ebenso wie Sie das Gleiche für Menschen tun würden, die Ihnen viel bedeuten. Das Leben ist ein Geben und Nehmen. Nehmen Sie sich auch einmal etwas, das Ihnen zusteht!

Aufgabe

Nachdem Sie das Unterkapitel zur Selbstfürsorge und Änderungen von Beziehungen gelesen haben, nehmen Sie sich bitte einen Stift und einen Zettel in die Hand und gönnen Sie sich ein paar Minuten Zeit, um folgende Fragen zu beantworten:

1. Welche Beziehungen möchten Sie gern auflösen und welche Beziehungen möchten Sie verändern? Wie sehen die Änderungen in diesen Beziehungen aus?

2. Welche konkreten Schritte können Sie unternehmen, um die betreffenden Beziehungen aufzulösen? Möchten Sie noch ein Gespräch führen? Ist ein Kontaktabbruch möglich und wie soll er aussehen für Sie?

3. Was können Sie tun, um fehlgeleitete Beziehungen zu ändern? Wie soll die Beziehung nach den Änderungen aussehen und was müssen Sie tun, um das zu erreichen?

GUTE BEZIEHUNGEN FÖRDERN

Während Sie sich darauf fokussieren, negative Beziehungen zu verbessern oder aus Ihrem Leben zu verbannen, vergessen Sie bitte nicht die Beziehungen in Ihrem Leben, die Sie als positiv bewertet haben! Eigentlich sollten Sie gerade diesen Beziehungen die meiste Zeit widmen, diese stetig weiterentwickeln und wertschätzen, denn diese sind es, die Ihr Energieglas wieder auffüllen. Sie sind es, die Ihnen Glück und Freude bringen, die Ihnen Kraft geben und Ihr Selbstvertrauen stärken. Es sind die Beziehungen, die für Ihre Selbstfürsorge unerlässlich sind.

Nicht zwangsläufig sind die Menschen, mit denen wir uns am meisten umgeben, auch die Menschen, mit denen wir die besten Beziehungen pflegen. Manche Beziehungen sind gerade deshalb so gut, weil sie einen gewissen Abstand beinhalten, wodurch Treffen und tiefe Unterhaltungen erst recht eine große Bedeutung bekommen. Und gerade gute Beziehungen sollten auch ein Maß an Distanz vertragen können – was sonst würde sie von Zweckfreundschaften unterscheiden?

Welche Menschen sind diejenigen, mit denen Sie die besten Beziehungen führen? Die Sie am meisten und am bedingungslosesten unterstützen? Mit denen Sie tiefgründige Gespräche führen können? Die Menschen, bei denen Sie das Gefühl haben, dass sie Sie verstehen und so akzeptieren, wie Sie in Ihrem Innersten sind?

Ein elementarer Bestandteil Ihrer Selbstfürsorge ist es, diese Beziehungen am Leben zu erhalten. Sie geben Ihnen Selbstvertrauen und Positivität. Doch vergessen Sie nicht, dass Beziehungen zwischen zwei Menschen einer Dynamik unterliegen. Nur, weil Sie heute eine gute Beziehung zu jemandem haben, heißt das nicht, dass diese weiterhin bestehen bleibt, wenn Sie sich nicht darum kümmern. Beziehungen bedeuten Arbeit und Hingabe. Nur so können sie so bleiben. Stellen Sie sich vor, es wäre eine junge Pflanze: Sie müssen sie gut behandeln, sie gießen und düngen, Liebe hineinstecken, damit Sie am Ende die süßen Früchte ernten können. Dann müssen Sie sie über den Winter bringen (auch gute Beziehungen haben einmal schwierige Zeiten), damit sie im Frühjahr wieder neu erblühen können.

Fragen Sie sich also regelmäßig, was Sie zum Erhalt der Beziehung beitragen können. Sagen Sie der anderen Person, wie wichtig sie für Sie ist und was Sie an ihr und an der Beziehung zu ihr besonders schätzen. Machen Sie ehrliche Komplimente. Bieten Sie Hilfe an. Fragen Sie um Rat und nehmen Sie ihn an. Seien Sie kritikfähig. Und vor allem: Hören Sie auch einmal zu! Viel zu viele Menschen haben verlernt, richtig zuzuhören. Sobald jemand redet, denken sie schon darüber nach, was sie als Nächstes zur Unterhaltung beisteuern können, anstatt sich auf das Gesagte zu konzentrieren, es wirken zu lassen und dann eine passende Antwort zu finden. Dabei ist das der wichtigste Bestandteil einer Unterhaltung: zuzuhören. Nur wer zuhört, kann etwas lernen.

Seien Sie der Freund für andere, den Sie sich wünschen, zu haben. Die Menschen in Ihrem Umfeld werden es spüren und zu schätzen wissen. Sie werden die gleiche Art von Zuneigung zurückbekommen.

Selbstfürsorge hat nichts mit Egoismus zu tun. Manchmal heißt für sich selbst zu sorgen, sich um andere zu sorgen und ihnen Unterstützung zukommen zu lassen, dann ist die Hingabe an jemand anderen das größte

Geschenk, das wir uns selbst machen können.

Aufgabe

Nachdem Sie das Unterkapitel zur Selbstfürsorge und der Förderung guter Beziehungen gelesen haben, nehmen Sie sich bitte einen Stift und einen Zettel in die Hand und gönnen Sie sich ein paar Minuten Zeit, um folgende Fragen zu beantworten:

1. Mit welchen Menschen haben Sie gute Beziehungen, die Sie fördern möchten?

2. Was konkret können Sie tun, um diese Beziehungen zu verbessern, zu stärken und am Leben zu erhalten?

DIE BEZIEHUNG ZU UNS SELBST

Sie müssen mit keinem Menschen auf der Welt so viel Zeit verbringen wie mit sich selbst. Wenn Sie Glück haben (oder Pech, je nachdem, wie man es nimmt), leben Sie über hundert Jahre mit sich selbst zusammen. Aber haben Sie sich schon einmal damit auseinandergesetzt, wie Ihre Beziehung zu sich selbst ist?

Leider nehmen sich viele Menschen dafür viel zu wenig Zeit, denn es ist kein leichtes Thema. Es ist schwierig, eine gute Beziehung zu sich selbst aufzubauen, dabei ist das die Wurzel Ihres Glücks. Es klingt wie ein Kalenderspruch, doch es ist wirklich so: Wenn Sie sich selbst nicht lieben, wird Sie auch niemand anderes lieben können.

Was dieser Spruch aussagen möchte, ist im Grunde, dass wir nach außen ausstrahlen, was wir für uns selbst empfinden. Und so ziemlich jeder wird wohl bestätigen, dass es häufig gar nicht die objektive Schönheit eines Menschen ist, die ihn attraktiv macht, sondern viel mehr sein Charisma und sein Selbstbewusstsein. Es geht nicht darum, auszusehen wie ein Model in einem Hochglanzmagazin. Wichtig ist nur, dass wir uns selbst schön finden und unseren Charakter aufrichtig lieben – denn andere nehmen das wahr.

Sich selbst zu lieben, bedeutet nicht, dass man ohne Fehler sein muss. Es ist irrig zu glauben, man müsse perfekt sein. Niemand ist perfekt. Jeder Mensch hat seine Macken, seine Ticks, seine Eigenheiten, seine schwierigen Seiten, seine Ecken und Kanten. Sie sind es, die unseren Charakter erst interessant machen und ihn formen, die andere Menschen auf uns aufmerksam machen. Niemand möchte mit einer perfekten Person befreundet sein. Wir möchten Menschen in unserer Nähe, die interessant sind, die eigen sind, die besonders sind und uns inspirieren. Der Schlüssel ist es, sich seiner eigenen Makel bewusst zu sein und diese zu akzeptieren und zu respektieren. Trotzdem sollten wir weiter an uns arbeiten und versuchen, jeden Tag ein bisschen über uns hinauszuwachsen. Es geht darum, glücklich mit dem zu sein, was gerade ist, aber gleichzeitig Träume zu haben, die wir verfolgen – auf unsere ganz eigene Art und Weise. Bleiben Sie nicht stehen in Ihrer Entwicklung, aber seien Sie stolz auf das, was Sie bereits erreicht haben!

Wie sehen Sie sich selbst? Sind Sie zufrieden und glücklich damit, wie Sie sind, oder würden Sie gern vieles an sich ändern? Der größte Fehler, den wir oft begehen, ist, dass wir uns fortwährend mit anderen vergleichen. Wir setzen uns selbst herab, weil wir nicht so schön, so reich oder so erfolgreich sind wie Menschen in unserem Umfeld. Dabei spielt das nicht die geringste Rolle! Wir leben unser Leben und können kein anderes kopieren, sosehr wir es auch versuchen. Wir müssen unseren eigenen Weg finden und ihn ganz allein gehen, niemand anderes kann das für uns tun. Deswegen macht es auch keinen Unterschied, ob andere etwas besser können oder mehr Geld verdienen als wir selbst. Wir sollten jeden Tag die Dinge so entscheiden, wie sie am besten für uns sind und wie sie uns glücklich machen.

Hören Sie auf mit dem Vergleichen! Sprechen Sie mit sich selbst und hören Sie sich selbst zu. Schreiben Sie Ihre Gedanken auf, hören Sie auf Ihre Bedürfnisse. Gehen Sie liebevoll und nicht zu streng mit sich selbst um. Gestehen Sie sich Unzulänglichkeiten und Fehler zu, falsche Entscheidungen sind genauso Teil des Lebens wie richtige.

Arbeiten Sie daran, Ihr Äußeres lieben zu lernen! Sie sind schön auf Ihre Weise, so, wie Sie sind. Und es gibt eine Menge Menschen, die das genauso sehen. Und wenn Sie sich selbst schön finden und sich in Ihrem Körper wohlfühlen, werden das viele andere auch tun! Das Gleiche gilt für Ihren Charakter: Sie müssen nicht von jedem gemocht werden. Lernen Sie, sich unabhängig von den Meinungen anderer über Sie zu machen. Sie sind besonders, Sie haben Talente und Begabungen, Sie verdienen jede Anerkennung, die Sie sich selbst geben können! Sie haben die Möglichkeit, die Welt jeden Tag zu einem besseren Ort zu machen – nutzen Sie sie! Akzeptieren Sie Fehler und dass Sie sich auch mal danebenbenehmen! Es ist okay!

Seien Sie liebevoll zu sich, so wie Sie liebevoll zu anderen Menschen sind, die Sie lieben. Sagen Sie sich selbst positive Dinge, machen Sie sich selbst Komplimente. Sie sind nicht eingebildet, nur weil Sie sich Ihrer Stärken bewusst sind. Fördern Sie die Dinge, die Sie gut können, und haben Sie Geduld bei den Dingen, die Ihnen schwerfallen. Behandeln Sie sich mit der gleichen Liebe und dem gleichen Respekt, den Sie den wichtigsten Personen in Ihrem Leben zukommen lassen.

Pflegen Sie damit die Beziehung zu sich selbst. Es ist die wichtigste Beziehung, die Sie je haben werden. Und Sie macht es Ihnen leichter, selbstfürsorglich mit sich umzugehen!

Aufgabe

Nachdem Sie das Unterkapitel zur Selbstfürsorge und der Beziehung zu uns selbst gelesen haben, nehmen Sie sich bitte einen Stift und einen Zettel in die Hand und gönnen Sie sich ein paar Minuten Zeit, um folgende Fragen zu beantworten:

1. Wie würden Sie Ihre Beziehung zu sich selbst beschreiben? Von welchen Gefühlen ist sie geprägt?

2. Was können Sie tun, um Ihre Beziehung zu sich selbst zu verbessern und zu stärken?

Die Pflichtebene

Gibt es Dinge im Leben, die unumgänglich sind? Die einzigen Pflichten in Ihrem Leben, denen Sie zum Überleben nachkommen müssen, sind das Essen, Trinken und Atmen. Vielleicht gehört es noch dazu, unser Geschäft zu erledigen und zu schlafen. Ohne diese Dinge sterben Sie – darum sind sie obligatorisch, ob Ihnen das gefällt oder nicht.

Doch auch abseits dieser Dinge verspüren Menschen immerzu Druck durch Verpflichtungen. Sei es bei der Arbeit, in einer Gesellschaft, der Sie angehören, der Familie oder, oder, oder. Woher kommt das?

Mit hoher Wahrscheinlichkeit kann ich Ihnen unterstellen, dass Sie nicht die Tochter oder der Sohn eines Multimillionärs sind, sodass Sie niemals in Ihrem Leben auch nur einen Finger krumm machen müssen. Dementsprechend werden auch Sie zu den Menschen gehören, die früher oder später in Ihrem Leben arbeiten müssen, um Ihren Lebensunterhalt zu verdienen – und damit werden Sie eine Verpflichtung eingehen. Genauso haben Sie auf dem Weg dorthin eine Schulpflicht gehabt (vorausgesetzt Sie sind in Deutschland oder einem Land mit ähnlichem System aufgewachsen), Sie haben eine Versicherungspflicht, finanzielle Verpflichtungen, wenn Sie Leistungen oder Sachwerte von anderen beziehen, wenn Sie verheiratet sind, sind Sie auch Ihrem Ehepartner gegenüber eine Verpflichtung eingegangen. Sie sind verpflichtet, Ihre Kinder zu versorgen, und Sie haben auch eine gewisse soziale Pflicht anderen Menschen gegenüber. Zumindest eine relative Pflicht.

All dies sind Pflichten, die fakultativ, also veränderbar, sind. Die meisten davon respektieren und akzeptieren Sie wahrscheinlich als Pflichten, da sie Teil unseres rechtlichen und gesellschaftlichen Lebens sind, ohne die ein Zusammensein so vieler Menschen nicht funktionieren würde. Niemand kann Sie zwingen, zu arbeiten, sich an Versprechen und Verabredungen zu halten, Ihrem Partner treu zu sein oder in die Schule zu gehen. Vielleicht hat es äußere Konsequenzen für Sie, wenn Sie dem nicht nachkommen – mehr aber auch nicht.

Sobald Sie diese Verabredungen als Pflichten wahrnehmen, schalten sich automatisch Ihr Moralkodex und Ihr Gewissen ein. Es verschafft Ihnen Schuldgefühle, wenn Sie Ihren Verpflichtungen nicht nachkommen. Und das ziemlich effektiv, denn oft fühlen sich solch verrückbare Pflichten doch ziemlich bindend für uns an, oder?

Teilweise ist das gut für uns: Pflichten geben uns eine Struktur vor, sie sorgen dafür, dass wir uns möglichst ohne große Konflikte in einem gesellschaftlichen Labyrinth bewegen können, sie helfen uns, zielstrebig zu bleiben. Andererseits können Pflichten aber auch sehr einengend wirken. Wir trauen uns nicht, sie zu brechen, weil wir ein zu großes Verantwortungsgefühl anderen gegenüber haben. Wir wollen nicht unzuverlässig sein oder uns nicht an Versprechen halten. Es beschädigt unsere Loyalität und unsere Integrität. Wir können nicht nein sagen, trauen uns nicht, für uns selbst einzustehen.

Wenn wir Selbstfürsorge praktizieren wollen, ist dies aber ein wesentlicher Bestandteil. Wir müssen herausfinden, welchen Pflichten wir nachkommen wollen und können, und diese dann auch verfolgen – was bedeutet, dass wir sorgfältig auswählen müssen, welche Pflichten wir uns aufhalsen können. Es geht wieder darum, was gut für uns ist, was uns glücklich macht, uns dazu bringt, uns wohlzufühlen. Wenn wir aber immer nur aus Pflicht- und Verantwortungsgefühl anderen gegenüber handeln, werden wir immer uns selbst vergessen und nicht genug Zeit für uns haben.

Wir müssen also erkennen lernen, welche Dinge in unserem Leben in uns ein Pflichtgefühl hervorrufen. Wir müssen aussortieren, welche Pflichten von Bedeutung für uns sind, welche also unumgänglich sind, um uns weiterzubringen. Wir müssen lernen, diesen Pflichten Priorität einzuräumen. Wir müssen lernen, Pflichten zurückzuweisen, wenn sie nicht wichtig für uns und unseren Werdegang sind. Wir müssen lernen, uns Zeit für uns selbst zu nehmen und nicht unsere komplette Zeit in unsere Pflichten zu stecken. Und letztlich müssen wir eine Routine finden für die Pflichten, die wir an sich nicht gern machen, die aber unumgänglich sind, um ein höheres Ziel zu erreichen. Wie können wir dabei vorgehen?

UNSERER PFLICHTEN BEWUSST WERDEN UND PRIORITÄTEN VERGEBEN

Egal, ob relative oder absolute Pflicht, beides ist für uns eine obligatorische Aufgabe, die es zu erledigen gilt. Da gibt es wenig Spielraum.

Am meisten sind uns oft die Aufgaben als Pflichten bewusst, die wir für unseren Job zu erledigen haben. Uns werden Deadlines und Abgabefristen gesetzt, Termine festgelegt und Aufgaben zugeteilt. An diese müssen wir uns halten, wenn wir unseren Job nicht verlieren und unsere Kunden sowie unsere Arbeitgeber zufriedenstellen wollen. Außerdem sehen wir uns sozialen Pflichten gegenübergestellt, zum Beispiel mittags das Essen für unsere Familie zu kochen, die Kinder von der Schule abzuholen oder unseren Freunden beim Umzug zu helfen.

Oft wachsen sie uns über den Kopf. Wir sagen bei zu vielen Bitten zu, halsen uns damit eine Menge Pflichten auf, weil wir denken, wir würden das unter einen Hut bringen. In allen Rollen, die wir gesellschaftlich innehaben, wollen wir perfekt sein. Wir wollen die perfekten Eltern sein, die immer für ihre Kinder da sind, die beim Sommerfest der Schule helfen und kein Fußballspiel unseres Kindes verpassen. Wir wollen auf der Arbeit glänzen, immer alles perfekt und pünktlich abgeben und am besten noch Zusatzleistungen erbringen, weil wir gern eines Tages befördert werden wollen. Wir wollen aber auch gleichzeitig jeden Tag zum Sport gehen, damit wir gut aussehen. Und zu guter Letzt hätten wir gern Zeit für uns, in der wir ein ruhiges Bad nehmen, ein Buch lesen oder was auch immer Sie gern tun, um zu entspannen. Doch wir alle haben nur einen Tag mit 24 Stunden und leider ist es unmöglich, allen unseren Lebensbereichen einhundert

Prozent unserer Aufmerksamkeit zu schenken. Wenn wir uns entscheiden, uns auf eine Sache zu konzentrieren, müssen wir zwangsläufig bei einer anderen Abstriche machen.

Umso wichtiger ist es zu wissen, welche Pflichten Priorität für uns haben. Nur auf diese Weise können wir einen Kompromiss zwischen all den Anforderungen finden, die tagtäglich an uns gestellt werden, und der Erfüllung dieser Erwartungen. Wir müssen eine für uns gültige Priorisierung finden, um uns damit glücklich und zufrieden zu machen.

Das Problem mit zu vielen Verpflichtungen ist folgendes: Schaffen wir es nicht, eine gute Balance zwischen den Forderungen an uns und deren Erfüllbarkeit zu finden, ist das das beste Rezept für einen Burn-out.

In der Psychologie unterscheidet man zwischen Belastung und Beanspruchung. Dabei steht der Begriff „Belastung" für die Anforderungen, die objektiv an ein Individuum gestellt werden. Es ist also ein neutraler Begriff für die Pflichten eines Menschen. Diese sind mess- und quantifizierbar. Der Begriff „Beanspruchung" bezieht das subjektive Empfinden dieses Individuums ein: Er beschreibt, wie der Mensch die Belastungen wahrnimmt, denn jeder Mensch ist unterschiedlich belastbar – jeder ist unterschiedlich stressresistent und kann unterschiedlich gut unter Druck und hohen Anforderungen arbeiten. Diese Stressresistenz ist teils angeboren, teils durch Erziehung und frühere Erfahrungen erlernt und kann bis zu einem gewissen Grad auch modifiziert und verbessert werden. Aber Fakt ist, dass jeder einzelne von uns nur einen gewissen Pegel an Stress und Beanspruchung aushalten kann. Bei den einen kommt der Punkt der Überbeanspruchung nur früher als bei anderen. Das ist der Punkt, an dem unsere Stressbewältigungsstrategien versagen – und an dem wir ein ernstes, psychisches Problem bekommen.

Dieses äußert sich als ein Zustand schwerster emotionaler und körperlicher Erschöpfung, in Konzentrations- und Gedächtnisschwierigkeiten, hoher Fehleranfälligkeit bei allen möglichen Tätigkeiten, Energie- und

Motivationsverlust - kurz gesagt: in einem Burn-out-Syndrom. Oft kommen dann psychosomatische Beschwerden dazu, also zum Beispiel Rücken-, Kopf- oder Bauchschmerzen ohne organische Ursache. Die Betroffenen werden zynisch und distanziert, haben das Gefühl, Versager und den Ansprüchen nicht gewachsen zu sein.

Fragen Sie sich hier einmal kurz, ob Sie sich hier ein bisschen wiederfinden. Haben Sie manchmal das Gefühl, nicht zu genügen und dass Sie nicht genug tun würden? Das Gute ist, dass ein Burn-out sich niemals von heute auf morgen einstellt. Es gibt Frühwarnzeichen, die Ihnen helfen können, rechtzeitig das Problem zu erkennen und zu reagieren. Lesen Sie hierfür die folgenden Sätze und spüren Sie einmal ganz kritisch in sich hinein, ob Sie Ihre Situation so empfinden:

- Ich muss in allen Bereichen perfekt sein.
- Ich darf keine Fehler machen.
- Ich muss besser sein als alle anderen.
- Ich muss es allen recht machen.
- Ich darf nicht nein sagen.
- Ich bin unentbehrlich.
- Ich kann an meiner Situation nichts ändern.
- ...

Natürlich gibt es noch viele weitere Glaubenssätze, die für ein Burn-out-Syndrom prädisponieren und ich kann Ihnen hier nur eine Auswahl einiger häufiger Beispiele geben. Haben Sie das Gefühl, ein wenig in diese Richtung zu schlittern, ist dieses Kapitel besonders wichtig für Sie. Doch auch wenn Sie sich in diesen Beispielen nicht wiederfinden können, wollen Sie es sicher nicht so weit kommen lassen. Dafür ist es wichtig, Ihre Pflichten einzugrenzen und Prioritäten zu setzen, damit Sie und Ihre Selbstfürsorge nicht zu kurz kommen.

Der effektivste Schutz gegen ein Burn-out-Syndrom ist die Prävention, deren wichtigster Bestandteil das Wahrnehmen und Achten der eigenen Bedürfnisse ist sowie sowohl körperlich als auch psychisch klare Grenzen zu setzen.

Lassen Sie uns also versuchen, herauszufinden, wo Ihre Prioritäten liegen. Dafür müssen Sie zunächst herausfinden, welche Pflichten Sie haben. Welche Bereiche gehören zu Ihrem Leben? Nehmen Sie sich ein Blatt Papier zur Hand und versuchen Sie aufzuschreiben, mit welchen Dingen Sie am meisten Zeit verbringen in einer normalen Woche (oder einem normalen Monat) und welche Verpflichtungen und Aufgaben diese mit sich bringen. Vielleicht hilft es Ihnen, wenn Sie sich dafür Ihren Terminkalender danebenlegen und einmal durchblättern, was Sie in den letzten Wochen getan haben. Wo haben Sie sich aufgehalten, mit wem und wie viel Zeit hat Sie das gekostet? Welche Aufgaben haben Sie erledigt, welche sind vielleicht liegen geblieben und warum? Bei welchen nicht erledigten Aufgaben hatten Sie ein schlechtes Gewissen und bei welchen eher weniger?

Und wie viel Zeit hatten Sie für sich und wie haben Sie sie genutzt? Versuchen Sie, alles aufzuschreiben, was Ihnen einfällt. Streichen können Sie später immer noch etwas, wenn Sie feststellen, dass es doch nicht so wichtig ist. Ich kann mir vorstellen, dass einiges an Aufgaben zusammenkommt: Ihre Kinder, vielleicht Ihr Hund oder ein anderes Haustier, Ihr Job, Ihr Ehepartner oder Ihr Freund, Ihre Freunde, Alltagspflichten wie einzukaufen oder den Haushalt zu schmeißen, Hobbys wie Ihr Yogakurs oder das Fitnessstudio, Rechnungen zu bezahlen, Arztbesuche oder was auch immer Ihre Tage füllt.

Kreisen Sie sich die Überbegriffe ein oder kennzeichnen Sie diese und ordnen Sie die kleinen Pflichten den Bereichen zu. Behalten Sie diese Liste, Ihnen wird sicher innerhalb der nächsten Tage noch die eine oder andere Sache einfallen, die Sie vergessen haben.

Wenn Sie das Gefühl haben, Ihre Liste sei mehr oder weniger vollständig, nehmen Sie sich einen farbigen Stift zur Hand und kreisen Sie so spontan wie möglich die drei Dinge ein, deren Erfüllung Ihnen am wichtigsten sind – bei denen es Ihnen also am meisten wehtut, wenn Sie die Aufgaben nicht erfüllen können.

Bei vielen Menschen ist das zum Beispiel die Familie. Es schmerzt sie am meisten, wenn sie abends so lange arbeiten müssen, dass sie ihre Kinder nicht mehr sehen können oder wenn am Wochenende auf dem Spielplatz das Diensthandy klingelt. Aber das ist individuell. Was bereitet Ihnen am meisten Kummer, wenn es liegen bleibt? Die Kreise zeigen Ihre Prioritäten. Es sind die Dinge, die am wichtigsten für Sie sind. Und damit sind es die Dinge, die am meisten Zeit in Anspruch nehmen sollten.

Jetzt stehen viele Menschen vor dem Problem, dass beispielsweise sowohl ihr Vollzeitjob als auch ihre Familie auf der Liste stehen. Zwei Dinge, die sehr viel Zeit schlucken können. Wie kriegen Sie diese unter einen Hut?

Mein **Tipp**: Blockieren Sie sich feste Zeiten für diese Dinge. Sagen wir, Sie arbeiten in einem Büro mit Gleitzeit. Es ist egal, wann Sie kommen und wann Sie gehen, nur eine bestimmte Zeitspanne müssen Sie verpflichtend anwesend sein. Sie wissen, um vier Uhr nachmittags kommt Ihr Kind aus der Kinderbetreuung nach Hause und Sie wären gern da. Blockieren Sie sich die Zeit. Tragen Sie sie in Ihren Kalender ein und fangen Sie dementsprechend früh an zu arbeiten – ohne Ausreden. Trödeln Sie nicht. Strukturieren Sie Ihren Alltag anhand fester Zeiten und halten Sie sich daran. Setzen Sie sich die Arbeitszeit von 7.30 Uhr bis 15.30 Uhr fest und wenn Sie sich den Feierabend eingetragen haben, machen Sie Feierabend. Keine Überstunden, auch nicht ausnahmsweise, denn aus ausnahmsweise wird schnell Gewohnheit.

Es erfordert einiges an Disziplin, sich an selbst gesetzte Pläne zu halten. Lernen Sie, nein zu sagen! (Wie das geht, besprechen wir im nächsten

Unterkapitel.)

Und wenn Sie zu Hause sind und Zeit mit Ihrem Kind verbringen, schalten Sie das Handy aus. Sie sind in dieser Zeit nicht erreichbar - Sie müssen nicht immer erreichbar sein. Es reicht, wenn Sie in zwei Stunden antworten. Kaum ein Notfall ist so dringend, dass er innerhalb weniger Minuten aus der Welt geräumt werden muss. Und wenn doch, ist das in diesem Moment nicht Ihre Aufgabe. In diesem Moment sind Sie nicht mehr der Arbeitnehmer oder der Chef - in diesem Augenblick sind Sie einfach nur Vater oder Mutter!

Und was machen Sie mit diesen lästigen Pflichten, wie dem Einkaufen oder das Auto zur Werkstatt zu bringen oder die Blumen der Nachbarn zu gießen, weil sie im Urlaub sind?

Planen Sie sie vorher ein. Die meisten dieser Aufgaben wiederholen sich in regelmäßigen Abständen und Sie wissen vorher, wann sie auf Sie zukommen. Schreiben Sie sich einen Wochenplan und nehmen Sie sich beispielsweise einen Nachmittag pro Woche, an dem Sie genau diese Dinge alle in einem Rutsch erledigen. Im Ganzen wird Sie das weniger Zeit kosten, als wenn Sie jeden Abend „noch mal schnell bei Edeka das Abendessen holen“ oder jeden Tag eine Sache erledigen, weil Sie für die anderen gerade zu faul sind. Planen Sie voraus. Glauben Sie mir, es spart eine Menge Zeit und Nerven.

Und vielleicht hilft es Ihnen, sich eine Aufgabenliste zu schreiben, auf der Sie Ihre Pflichten abhaken, dann sehen Sie, was Sie geschafft haben.

Aufgabe

Nachdem Sie das Unterkapitel zur Selbstfürsorge und der Bewusstwerdung und Priorisierung von Pflichten gelesen haben, nehmen Sie sich bitte einen Stift und einen Zettel in die Hand und gönnen Sie sich ein paar Minuten Zeit, um folgende Fragen zu beantworten:

1. Welche Rollen haben Sie in Ihrem Alltag inne? Was sind dabei Ihre regelmäßigen Pflichten?

2. Welche Prioritäten haben diese Pflichten für Sie? Wählen Sie die drei wichtigsten aus!

3. Wie können Sie konkret Ihre Routinen verändern, um gezielt Ihren Prioritäten Vorrang in der Erledigung Ihrer Pflichten zu geben?

NEIN SAGEN

Ich persönlich gehöre zu den Menschen, denen es schwerfällt, nein zu sagen. Ich bin sehr sensibel und habe viel Mitgefühl und mir ist es wichtig, dass es den Menschen in meiner Nähe gut geht. Ich sehe es als meine Aufgabe, meinen Teil dazu beizutragen.

Dabei vergesse ich schnell mich selbst. Ich vergesse, dass ich auch nur ein bestimmtes Maß an Energie habe, nur begrenzte Zeit und dass auch ich Pausen brauche. Ich sage vorschnell „ja" und merke erst zu spät, dass ich mir zu viel aufgehalst habe. Ich muss zu viele Dinge gleichzeitig koordinieren und kann sie dann nicht mit der Hingabe erledigen, die sie eigentlich verdient hätten. Vielleicht denken Sie jetzt: „Ja. Genau das kenne ich auch."

Es ist nichts Verwerfliches daran, so zu sein. Im Gegenteil, Selbstlosigkeit ist eine großartige Eigenschaft: Wenn man sein Ego hintenan stellen kann und will, dass die Menschen, die man liebt, glücklich sind. Doch gerade Menschen wie wir müssen lernen, das richtige Maß zu finden.

Jemand sagte einmal zu mir, es ist unmöglich, einem anderen zu helfen, wenn ich mir nicht zuerst selbst geholfen habe. Ich brauchte lange, bis ich in voller Tiefe begriff, was er damit meinte: Es geht um Selbstfürsorge. Nur wenn ich mich selbst kenne, weiß wozu ich fähig bin und wo meine Schwächen liegen, wenn ich weiß, wie viel ich schaffe, ohne Abstriche zu machen, wenn ich mir genug Zeit nehme, meine Energiereserven wieder aufzufüllen und mich zuerst um mich selbst gekümmert habe, kann ich das Gleiche für jemand anderen tun.

Ich muss zuerst für mich selbst gesorgt haben, bevor ich die Verantwortung für eine andere Person tragen kann. Das bedeutet nicht, dass ich egoistisch sein muss. Es gibt einen Unterschied zwischen Selbstfürsorge und Egoismus - diesen habe ich am Anfang des Buches bereits angesprochen. Egoismus beginnt da, wo ich nicht mehr aus der Notwendigkeit heraus handle, sondern aus Gier. Es ist egoistisch, wenn ich jemandem nur die Hilfe verweigere, weil ich zu faul bin, etwas für ihn zu tun, dasselbe im Gegenzug von ihm aber erwarten würde. Wenn ich sie ihm verweigere, weil ich die Zeit für mich selbst und meine eigenen Geschäfte brauche, ist das legitim.

Lange Rede, kurzer Sinn: **Es ist also wichtig, nein sagen zu können, und das im richtigen Maße.**

Was aber, wenn ich es oft einfach nicht schaffe, nein zu sagen, obwohl ich weiß, dass es das Beste für mich wäre? Wie kann ich mich davor schützen, voreilig einer Sache zuzustimmen?

Zunächst können Sie sich fragen, warum Sie es immer wieder nicht schaffen, nein zu sagen. Bei manchen Menschen ist das Problem, dass sie gern von jedem gemocht werden wollen und Angst haben, auf Ablehnung zu stoßen, wenn sie einmal eine Bitte ausschlagen. Dabei ist es unmöglich, von jedem gemocht zu werden. Egal, wie freundlich, nett und selbstlos man ist, irgendjemanden wird es immer geben, der einen „nicht riechen kann“. Diesen Ausdruck nutze ich bewusst, denn evolutionsbiologisch ist der Geruch einer anderen Person ein entscheidendes Kriterium dafür, ob wir jemanden mögen oder nicht. Und den können wir leider nicht beeinflussen.

Liebe und Zuneigung zu einer bestimmten Person sind letztlich nichts anderes als chemische Reaktionen im Körper. Botenstoffe, Hormone und Neurotransmitter sorgen für das, was wir am Ende als Gefühl wahrnehmen. Diese chemischen Reaktionen werden durch verschiedene Auslöser angestoßen, zu denen unter anderem der Körpergeruch einer Person gehört. Der Evolutionsbiologe Claus Wedekind wies bereits in den 90er-Jahren nach, dass die Kompatibilität sogenannter HLA-Gene (sie werden vor allem in Immunzellen exprimiert) entscheidet, ob wir jemanden als attraktiv und sympathisch wahrnehmen oder nicht. Und diese nehmen wir über den Geruch wahr. Je weniger diese Duftmarker zueinanderpassen, desto wahrscheinlicher, dass unser Gegenüber uns nicht mag.

Sie sind also nicht zwangsläufig schuld daran, dass jemand Sie nicht ausstehen kann. Warum wollen Sie also Energie verschwenden, um ihn dazu zu bringen? Üben Sie sich in Akzeptanz dessen, dass es einfach Menschen gibt, die Sie lieber mögen als andere. Sie mögen sicher auch nicht alle Ihre Mitmenschen gleich gern, oder?

Und auch wenn Sie zu einem Freund oder Ihrem Arbeitgeber oder wem auch immer einmal nein sagen: Sie verlieren dadurch nicht gleich Ihren Job oder diesen Freund. Eine stabile Beziehung hält es aus, dass Sie auch einmal an sich denken. Ein Freund sollte verstehen, dass Sie nicht immer für ihn da sein können und dass Sie noch andere Dinge haben, um die Sie sich kümmern müssen. Und auch Ihr Arbeitsplatz ist sicherer als Sie denken. Möglicherweise wird Ihr Chef Sie sogar mehr respektieren, wenn Sie auch einmal klar und deutlich Grenzen setzen können. Er nimmt Sie als konsequent und stark wahr, wenn Sie (natürlich auf respektvolle Weise) nein sagen.

Vielleicht gehören Sie aber auch zu jenen Menschen, die eine enorme Angst haben, etwas zu verpassen, wenn Sie nein sagen. Sie werden auf eine Party eingeladen und eigentlich hätten Sie eine Menge anderer Dinge zu erledigen und an Schlaf mangelt es Ihnen auch schon seit Wochen, aber Sie schaffen es nicht, abzusagen – denn Sie könnten etwas verpassen.

Mag sein, dass Sie auf dieser Party etwas verpassen, aber kümmern Sie sich erst einmal um sich selbst und kommen Sie Ihren priorisierten Verpflichtungen nach. Wenn Sie sich am Tag darauf mit Ihrer Freundin treffen, die auf der Party war, haben Sie sich wenigstens etwas zu erzählen. Ihr

Leben findet genau dort statt, wo Sie gerade sind. Für Sie existiert nur Ihre Wirklichkeit, alles andere ist nicht wichtig. Machen Sie sich das klar!

Völlig unabhängig davon, warum Sie dazu neigen, ein Jasager zu sein, fasse ich im Folgenden ein paar Tipps zusammen, wie Sie lernen können, nein zu sagen.

Zuerst: Verschaffen Sie sich Zeit. Jemand trägt eine Bitte an Sie heran und kopflos und unüberlegt stimmen Sie dieser direkt zu. Lassen Sie das. Atmen Sie durch, verschaffen Sie sich Bedenkzeit. Je nachdem, wie groß die Bitte ist, können ein paar Sekunden ausreichen, in denen Sie die Konsequenzen überschlagen, oder Sie bitten um ein paar Stunden oder Tage Bedenkzeit, wenn es sich um etwas handeln sollte, das Ihr Leben nachhaltig beeinflussen wird. „Ich kann das jetzt nicht so schnell entscheiden, ist es okay, wenn ich ein paar Tage darüber nachdenke und das mit meinem Mann bespreche?“ So oder so ähnlich können Sie eine solche Forderung formulieren - keiner wird Ihnen das abschlagen oder es als respektlos interpretieren. Sie erkaufen sich Zeit, sich zurückzuziehen und ohne Beobachtung und ohne Druck darüber nachzudenken, was Sie wirklich wollen und ob Sie die Ressourcen haben, der Bitte nachzukommen.

Das ist der nächste Schritt, den Sie im Kopf behalten sollten: Habe ich überhaupt die Möglichkeiten, diese Bitte zur Zufriedenheit auszuführen? Dabei geht es um Hingabe, um finanzielle, aber auch zeitliche Ressourcen, die Sie eventuell aufbringen und dementsprechend besitzen müssen. Und selbst, wenn Sie über sie verfügen, müssen Sie eine ökonomische Abschätzung Ihrer Ressourcen treffen und über Ihre Bereitschaft, sie dafür einzusetzen.

Das ist eine individuelle Entscheidung. Niemand kann Sie zwingen, Ihre kostbare Zeit auf dieser Welt für etwas zu opfern, das es Ihnen nicht wert ist! Seien Sie nicht zu selbstlos. Auch wenn Sie entscheiden, dass Sie Ihre Zeit, Ihr Geld oder Ihre Energie in eine Bitte eines anderen investieren, sollten Sie doch etwas dafür zurückbekommen. Bitte denken Sie an das

Glas: Sie sollten nicht immer nur etwas daraus ziehen, sondern es auch irgendwann wieder füllen (lassen).

Außerdem ist es auch immer eine Frage dessen, wie Sie nein sagen, wenn Sie sich dafür entscheiden, eine Bitte abzulehnen. Man kann eine Verweigerung auch nett verpacken, anstatt zu harsch zu sein. Sie müssen sich nicht dafür rechtfertigen, dass Sie etwas nicht tun wollen. Aber um dem Gegenüber und sich selbst ein besseres Gefühl zu geben, haben Sie verschiedene Möglichkeiten für Gegenvorschläge.

- Sie können eine Alternative anbieten: „Ich habe leider keine Zeit, den Kuchen selbst zu backen, aber ich kann einen vom Bäcker mitbringen."

- „Ich verstehe, dass du Hilfe brauchst, aber ich habe da leider schon für etwas anderes zugesagt. Das nächste Mal helfe ich dir gern!" Damit zeigen Sie Empathie, das Gegenüber weiß, dass es Ihnen nicht gleichgültig ist.

- „Ich glaube, dafür bin ich nicht der richtige Ansprechpartner, weil ich mich mit diesem Thema nicht gut auskenne. Aber vielleicht kann dir XY dabei helfen?" Bieten Sie eine bessere Idee als sich selbst an.

Sie zeigen dadurch, dass es Ihnen wichtig ist, dass die andere Person ihr Problem gelöst bekommt, aber Sie verweigern trotzdem die Bitte. Sie werden sehen: Die Person wird es verstehen und auch mit Ihrem Nein zurechtkommen.

Zu guter Letzt ist es wichtig, dass Sie standhaft bleiben. Es kommt häufig vor, dass wir zu etwas schon nein gesagt haben, die Person dann aber noch einmal auf uns zukommt und das Gleiche erneut verlangt. Bleiben Sie unbeirrt. Es hat einen Grund, warum Sie die Bitte beim ersten Mal ausgeschlagen haben und hat sich an der Situation nicht grundlegend etwas geändert, sollten Sie bei dieser Entscheidung bleiben.

Respektieren Sie sich und Ihre Ressourcen! Lassen Sie sich nicht überreden! Bleiben Sie sich selbst treu und setzen Sie Ihre Grenzen durch.

Aufgabe

Nachdem Sie das Unterkapitel zur Selbstfürsorge und Verweigerung gelesen haben, nehmen Sie sich bitte einen Stift und einen Zettel in die Hand und gönnen Sie sich ein paar Minuten Zeit, um folgende Fragen zu beantworten:

1. Können Sie gut nein sagen?

2. Wann haben Sie das letzte Mal bewusst nein gesagt? Und wann hätten Sie nein sagen sollen, haben es aber nicht getan?

3. Wie können Sie reagieren, wenn das nächste Mal jemand eine Bitte an Sie heranträgt, ohne voreilig zu sein? Wie können Sie eine Bitte ausschlagen?

DIE BALANCE FINDEN ZWISCHEN PFLICHT UND SELBSTFÜRSORGE

Manchmal tendieren wir dazu, Pflichten und Selbstfürsorge zu verwechseln. Beispielsweise tun wir etwas für unser Kind und natürlich macht uns das in gewisser Weise glücklich. Es gibt uns ein gutes Gefühl, wenn unser Kind fröhlich ist, doch nicht immer hat das etwas mit Selbstfürsorge zu tun.

Nehmen Sie sich bewusst Zeiten für sich, in denen Sie all Ihre Rollen ablegen. Fragen Sie sich noch einmal, ob Sie wirklich aus reiner Selbstfürsorge handeln, ob es etwas ist, was Sie, was Ihr innerster Kern will, oder ob Sie damit nur eine Rolle zufriedenstellen, die in Ihnen wohnt. Es ist okay, dass Sie auch einmal Zeit für sich brauchen.

Sie können Ihre Kinder lieben und trotzdem Zeit für sich brauchen. Sie können alles für Ihre Kinder tun und trotzdem mal genug von ihnen haben. Lernen Sie, auf sich zu hören. Lernen Sie, Pflichten und Selbstfürsorge zu unterscheiden. Denken Sie daran: Wenn Sie zuerst sich selbst geholfen haben, werden Sie in der restlichen Zeit in all Ihren Rollen auch bessere Ergebnisse liefern.

In diesem Sinn ist Selbstfürsorge auch ein Akt der Hingabe an all die Menschen, die Sie lieben.

Aufgabe

Nachdem Sie das Unterkapitel zur Selbstfürsorge und die Balance von Pflicht und Selbstfürsorge gelesen haben, nehmen Sie sich bitte einen Stift und einen Zettel in die Hand und gönnen Sie sich ein paar Minuten Zeit, um folgende Fragen zu beantworten:

1. Wo verwechseln Sie Pflichten und Selbstfürsorge?

2. Wie können Sie mit solchen Pflichten umgehen?

Die Authentizitätsebene

Sie ist die Königsdisziplin unserer Selbstfürsorge, das Herzstück, der wichtigste Part, um glücklich zu sein. Und gleichzeitig ist sie der schwierigste Teil: die Authentizität.

Was bedeutet das, authentisch zu sein?

Das Wort selbst hat seinen Ursprung im Griechischen und bedeutet übersetzt „echt“. Es geht also darum, sich echt zu fühlen und auch von anderen so gesehen zu werden. Es beschreibt den Umstand, dass unser Handeln und unsere Emotionen aus unserem Innersten kommen und nicht von äußeren Einflüssen verändert oder verfälscht worden sind. Wer authentisch ist, ist auch glaubwürdig in den Augen von anderen. Er nimmt keine Rolle an, sondern ist einfach nur er selbst.

Unser innerstes Selbst - es ist unkonkret, schwer zu fassen; es lässt sich nicht wirklich erklären, was der Kern eines Menschen ist. Können Sie das? Sogar bei uns selbst ist es schwierig, diesen inneren Kern zu finden, denn wir sind vielschichtig und komplex aufgebaut.

Genau deshalb ist es die schwierigste Disziplin auf dem Weg zu Selbstfürsorge.

Der Autor und Forscher der sogenannten positiven Psychologie Stephen Joseph beschreibt in seinem Buch „Authentizität“, dass wir uns immer näher unserem tiefen, wahren Glück nähern, je mehr wir lernen, authentisch zu sein, unsere Einzigartigkeit auszudrücken und uns treu zu bleiben. Je mehr wir versuchen, uns in Rollen zu zwängen oder die Erwartungen anderer zu erfüllen, je mehr wir die Bestätigung im Außen suchen und uns abhängig machen von den Meinungen anderer, je mehr wir versuchen, unseren Mitmenschen zu gefallen, desto weiter entfernen wir uns von unserem Kern und desto unzufriedener werden wir.

Doch wie geht Authentizität? Wir werden geboren als Original. Als Babys sind wir uns unserer selbst noch nicht bewusst und können uns deshalb nicht verstellen. Unsere Persönlichkeit ist noch unverfälscht und authentisch. Wir wachsen auf, werden erzogen und lernen, dass bestimmte Verhaltensweisen Konsequenzen haben, dass unsere Eltern oder andere Menschen uns reglementieren und limitieren. Je nach unserer Konstitution macht es uns mehr oder weniger aus, wenn wir den Mustern nicht entsprechen, die uns vorgegeben werden.

Es gibt also Menschen, denen es gleichgültiger ist als anderen, ob sie in bestimmte Gesellschaftsstrukturen hineinpassen oder nicht. Denjenigen, die darauf sensibler reagieren, wird es unter Umständen schwerer fallen, ihren Kern zu finden und authentisch zu leben. Jeder Charakter hat seine Ecken und Kanten, seine Mängel und Eigenheiten, weshalb es unumgänglich ist, dass wir auch einmal auf Widerstand stoßen, wenn wir echt sein wollen. Ablehnung gehört zum authentischen Leben dazu.

Aber jeder hat doch schon einmal erlebt, dass er sich an etwas anzupassen versucht hat, es nicht funktioniert hat und ihm irgendwann der Kragen geplatzt ist, sodass er den anderen einmal gehörig die Meinung gegeigt hat. Und das fühlt sich gut an, oder? Ja, weil die Worte dann aus unserem tiefsten Inneren kommen, sie sind authentisch, glaubwürdig, echt. Sie zeigen unser wahres Gesicht, ungeschminkt. Wir stehen für uns selbst ein, zollen uns den Respekt, den wir verdienen, halten zu uns. Und in diesem Moment ist es auch egal, was die anderen von uns denken!

Würden wir es theoretisch schaffen, immer und in jedem Moment unseres Lebens dieses Maß an Authentizität zu halten, wären wir dann nicht auch immer glücklich? Ich denke, das wären wir. Zumindest in dem Sinn, dass wir mit uns zufrieden wären. Doch was hält uns davon ab, immer so zu sein?

Wahrscheinlich ist es die Angst vor dem Schmerz. Wir fürchten die

Ablehnung und den Widerstand durch andere, dass wir aus der sozialen Gruppe verstoßen werden oder schlicht und einfach die Konfrontation. Wir wollen die Harmonie aufrechterhalten. Doch wie wir bereits im Kapitel über die Emotionen besprochen haben, kann es sogar sehr ungesund für uns sein, unsere echten Emotionen nur um des Friedens willen herunterzuschlucken.

Verstehen Sie mich bitte nicht falsch: Echt und authentisch zu sich und zu seinen Gefühlen zu stehen, bedeutet nicht unbedingt, dass Sie ungefiltert alles sagen sollten, was Sie denken. Ich möchte Sie nicht dazu animieren, alles von Kompliment bis Beleidigung laut auszusprechen. Natürlich ist Direktheit manchmal hilfreich, zum Beispiel wenn Sie Grenzen setzen müssen. Doch authentisch zu sein, kann auch bedeuten, dass man in den richtigen Momenten schweigt, anstatt jemandem bei etwas zuzustimmen, dass man selbst nicht so empfindet.

Authentizität erfordert ein hohes Maß an Selbstbewusstsein. Nur wer sich seines Wertes bewusst ist und auf sich selbst vertraut, wird es schaffen, echt zu bleiben. Sie müssen sich auf sich selbst verlassen können, auf Ihre emotionale Stabilität, auf Ihre Kraft die Ablehnung möglicherweise auszuhalten. Sie müssen sich selbst den Rücken stärken können. Können Sie das?

Selbstvertrauen bedeutet nicht, dass Sie ein großes Ego haben müssen. Es geht nicht darum, übermäßig überzeugt von sich selbst zu sein und sich besser als alle anderen zu fühlen. Vielmehr geht es darum, dass Sie sich als eigenständige Person respektieren, die das Recht hat, ihre Meinung zu sagen, sich durchzusetzen, wenn es nötig ist, und sich zurückzuziehen, wenn ihr eine bestimmte Situation nicht guttut. Sie müssen sich selbst respektieren, so, wie Sie alle anderen Menschen respektieren. Sie müssen sich Ihrer Werte und Prinzipien bewusst sein und nach ihnen handeln können. Kurz gesagt, Sie müssen sich selbst erst einmal kennenlernen, um sich dann selbst unterstützen zu können.

Wie das gehen soll? Das ist schwierig zu beantworten. Jeder Mensch ist unterschiedlich und die einen stecken mehr in ihren Rollen fest als die anderen. Viele sind von ihrem Ego und ihrem Verstand so sehr eingenommen, dass sie kaum Zugriff auf ihr authentisches Ich bekommen, deshalb ist der Weg zur Echtheit für die einen weiter als für die anderen. Und für sensible Menschen, die einen starken Sinn für die Meinung von anderen haben, schwieriger zu beschreiten als für abgebrühte Personen. Letztlich müssen Sie Ihren Weg selbst finden.

Ich werde Ihnen hier einige Denkanstöße geben, wie Sie vielleicht etwas näher an Ihr authentisches Ich herankommen können, wie Sie lernen können, sich mehr Selbstbewusstsein aufzubauen, und wie Sie für sich einstehen können.

Wie gesagt: Das größte Glück werden Sie finden, wenn Sie lernen, immer und überall Sie selbst zu sein. Wenn Sie das schaffen, ist das die Königsklasse der Selbstfürsorge. Es ist der Moment, in dem Sie sich selbst alles geben, was Sie haben, und dafür alles bekommen, was Sie für Ihr Glück brauchen.

WER BIN ICH?

Die meisten Menschen kommen irgendwann in ihrem Leben an einen Punkt, an dem sie ihre Entscheidungen infrage stellen, an dem sie sich fragen, was gewesen wäre, wenn sie an einer Abzweigung anders abgebogen wären, wenn sie jemand anderen geheiratet hätten, einen anderen Beruf ergriffen hätten, einem anderen Menschen zu einem bestimmten Zeitpunkt mal die Meinung gesagt hätten. Viele fragen sich irgendwann, warum sie in ihrer Jugend nicht mehr ausprobiert haben, warum sie nie gereist oder Risiken eingegangen sind. Manche sind vielleicht dann doch so zufrieden mit ihrem Leben, dass es eine kleine Träumerei bleibt, Spekulationen, Gedankenspiele, deren Pfade zu verfolgen Spaß macht. Aber es gibt auch genügend Menschen, die wahrhaftig das Gefühl bekommen, etwas verpasst zu haben, dass sie nicht nach ihren Werten gelebt haben, die merken, dass sie den Weg des geringsten Widerstandes gegangen sind und die Freiheit gegen Sicherheit eingetauscht haben. Das sind die Menschen, die irgendwann mit 50 Jahren in ihre Midlife-Crisis verfallen und plötzlich das Gefühl haben, sich selbst an einem Punkt wiederzufinden, an dem sie nicht sein wollen. Es ist ein Symptom dafür, dass sie vergessen haben, zu sich selbst zu stehen, ihr Leben so zu leben, wie sie es wollen – dass sie vergessen haben, authentisch zu sein.

Sie fallen in eine tiefe Identitätskrise und wissen plötzlich nicht mehr, wer sie eigentlich sind. Es sind Menschen, die einen oberflächlich guten Job haben, der ihnen vielleicht sogar viel Geld einbringt, der aber eigentlich nicht zu ihnen passt. Sie haben sich nach der Schulzeit dafür entschieden und diese Entscheidung dann nie wieder infrage gestellt. Sie sind einen Weg gegangen, der nicht ihrer war, haben sich aber eingeredet, das wäre gut so. Und geht man lange genug einen Weg, identifiziert man sich irgendwann damit. Die Grenzen dazwischen, was man selbst will und was das Ego will, verschwimmen. Man kann nicht mehr auseinanderhalten, wer man im Inneren ist und wer man sich zu sein einredet.

Vielleicht kennen Sie das Gefühl so oder so ähnlich auch selbst. Bereuen Sie es nicht, dass Sie Ihren Weg so gegangen sind! Es ist nie zu spät, zu sich selbst zurückzufinden. Sie sind nie zu alt, etwas Neues zu lernen oder etwas zu ändern. Mag sein, dass die Ketten, die Sie zurückhalten, stärker sind, als sie es vor 20 Jahren waren, aber es ist nicht unmöglich, sie zu sprengen.

Wie finden Sie den Weg zu sich selbst? Wie finden Sie heraus, wer Sie in Ihrem tiefsten Kern sind? Wie finden Sie Ihre wahre, authentische Persönlichkeit unter all diesen Schichten aus Oberflächlichkeiten?

Was im Folgenden kommt, mag sich zunächst ein wenig spirituell anhören und es vielleicht auch sein, aber Spiritualität ist nicht unbedingt etwas Schlechtes. Spiritualität ist für viele ein negativ besetztes Wort, Sie denken vielleicht an verrückte Kräuterhexen, an Kristalle und Mondenergien oder andere Dinge, an die Sie selbst nicht glauben können. Das sind spirituelle Lebensweisen, keine Frage, aber im Grunde bezeichnet das Wort nur den Glauben an etwas, dass wir nicht erklären können.

Das hat jeder! Wir alle erklären uns die Welt auf die eine oder andere Weise, denn wir können nicht alles verstehen. Auch wenn Sie daran glauben, die Welt durch Tatsachenbeweise und Mathematik erklären zu können, stoßen Sie an die Grenzen Ihrer Vorstellungskraft – denn wie sieht denn beispielsweise die Unendlichkeit aus? Und auch wenn Sie sie nicht greifbar erklären können, glauben Sie doch daran, dass es sie gibt. In dieser Hinsicht ist jeder Mensch spirituell – aber auf individuelle Weise. Dementsprechend ist auch Ihr Weg zu sich selbst individuell.

Was macht Sie also als Person aus? Eine Sache, die alle Menschen gemeinsam haben, und die Ihnen helfen kann, ein wenig näher an Ihren Kern heranzukommen, sind Ihre Werte. Jeder Mensch besitzt bestimmte Grundwerte und Prinzipien, nach denen er handelt. Sie sind ein Produkt unserer Erziehung, unserer Erfahrungen – und unseres authentischen Selbst.

Sie sind Ihr Leitfaden in einer komplizierten Welt. Sie hangeln sich an ihnen entlang, es fühlt sich gut an, wenn Sie ihnen folgen, und schlecht, wenn Sie gegen sie verstoßen. Sie sind die Wurzel der Schuldgefühle, die wir haben, wenn wir gegen unsere Moral handeln.

Meine persönlichen, wichtigsten Werte sind Freiheit, Toleranz, Solidarität, Ehrlichkeit und Wertschätzung. Ich habe lange gebraucht bis ich sie benennen konnte, aber es sind die Werte, die mich ausmachen und die sich durch mein Leben ziehen. Ich richte einen Großteil meiner Handlungen nach ihnen aus. Dabei hat jeder dieser Werte auch persönliche Nuancen, es gibt Gründe, warum mich gerade diese Werte so sehr prägen. Es sind die Erfahrungen, die ich gemacht habe, die dafür sorgen, dass es genau diese Werte sind und keine anderen.

Denken Sie selbst darüber nach, welche fünf Werte Ihre wichtigsten sind. Lassen Sie sich dafür Zeit! Es kommt häufig vor, dass uns die ersten zwei oder drei Werte sehr schnell einfallen, aber um die restlichen zu finden, benötigen wir etwas Zeit. Es bedeutet nicht, dass diese fünf Werte die einzigen sind, die wir besitzen – es gibt noch unzählige andere. Aber es sind die elementarsten.

Als kleine Hilfestellung habe ich hier einige Werte aufgelistet, die viele Menschen zu ihren wichtigsten zählen. Vielleicht ist einer Ihrer dabei, vielleicht aber auch nicht. Sie sollen nur als kleine Anregung dienen:

- Freiheit
- Toleranz
- Akzeptanz
- Liebe
- Abenteuer
- Dankbarkeit
- Loyalität
- Integrität
- Authentizität
- Zielstrebigkeit
- Zuverlässigkeit
- Direktheit
- Offenheit
- Ehrlichkeit
- Solidarität
- Wertschätzung
- Mut

- Risikobereitschaft
- Sicherheit
- Präsenz
- Vertrauen
- ...

Merken Sie etwas? All diese Werte sind gut. Es sind positive Affirmationen, die tief in uns verankert sind und die uns prägen. Sie sind der Beweis für das Gute in jedem Menschen, wenn wir sie richtig einsetzen. Wir tragen das Glück in uns!

Wenn Sie einige (oder alle) Ihre Werte gefunden haben, fragen Sie sich, in welchen Situationen Sie nach ihnen handeln. Ich frage mich zum Beispiel, wie viele Momente ich mir verschaffe, in denen ich mich wirklich frei fühle, wie oft ich solidarisch und nicht selbstsüchtig handle, ob ich immer ehrlich bin zu den Menschen in meinem Umfeld, auch wenn es manchmal wehtut. Lebe ich meine Werte oder verleugne ich sie?

Manchmal ist es unumgänglich, jemandem eine kleine Notlüge zu erzählen, klar. Auch wenn es gegen meinen Wert Ehrlichkeit verstößt. In diesem Moment bin ich nicht authentisch und nicht echt, ich verleugne mich selbst. Aber hält es sich in der Waage? Mache ich das nur, weil ich selbst besser dastehen und einen Fehler vertuschen möchte, oder gibt es einen guten Grund, aus dem ich so handle? Bin ich bei den wichtigen Dingen immer ehrlich? Stellen Sie sich derartige Fragen und versuchen Sie, so oft es geht, nach Ihren Werten zu handeln. Stehen Sie zu ihnen. Sie werden schnell einen Unterschied spüren.

Wie steht es mit Ihren Leidenschaften? Haben Sie etwas, dass Sie den ganzen Tag tun könnten, etwas, dass Sie von tiefstem Herzen lieben? Gibt es eine Sache, bei der Sie zur Ruhe kommen und bei der Sie das Gefühl haben, mit Leib und Seele Sie selbst zu sein?

Eine Leidenschaft ist etwas, dass Sie nicht aus äußerlichem Antrieb tun. Es geht für Sie nicht darum, mit dieser Sache erfolgreich zu sein oder besser als andere. Sie tun es für sich. Vielleicht ist Malen etwas, bei dem Sie die Zeit vergessen und bei dem Sie sich ausdrücken können. Wenn Sie nur malen, weil Sie malen möchten, weil es Sie erfüllt, dann ist das eine tiefe Leidenschaft. Ein Mensch kann eine Leidenschaft für alles Mögliche haben: Angeln, im Garten arbeiten, seine Haustiere, eine Sportart, Schreiben, Kochen, Singen oder ein Instrument spielen, Zeichnen, Lesen, Fotografieren oder Videos drehen, sein Beruf, Gespräche führen, ja, sogar Putzen oder Bügeln können dazugehören. Es sind die Dinge, auf die wir uns freuen, bei denen wir uns entspannen können, die uns inspirieren. Dinge, die wie eine Meditation auf uns wirken.

Ich bin überzeugt, dass jeder Mensch eine Leidenschaft hat. Wir müssen sie nur zwischen all den Dingen finden, die wir alltäglich zu tun haben, und uns Zeit dafür nehmen, sie auszuleben. Manchmal ist das nicht so leicht, aber es ist die beste Art der Selbstfürsorge, die wir praktizieren können.

Es macht uns glücklich. Es ist die Sache, die uns am meisten Wohlbefinden und Zufriedenheit schenkt, wenn wir Zeit haben, dem nachzugehen, was wir lieben. Haben Sie bereits eine Leidenschaft? Wenn ja, nehmen Sie sich wieder mehr Zeit dafür. Je nachdem was es ist: Vielleicht können Sie sich jeden Tag eine halbe Stunde Zeit dafür nehmen oder vielleicht auch nur ein- oder zweimal die Woche. Das ist nicht so wichtig. Entscheidend ist, dass Sie ihr einen festen Platz in Ihrem Leben einräumen. Blocken Sie sich die Zeit dafür und bestehen Sie darauf, sich diese auch zu nehmen.

Vielleicht denken Sie jetzt aber auch, dass Sie gar nicht wissen, was Sie wirklich lieben. Sie mögen viele Dinge, aber es gibt nichts, womit Sie sich so tief verbunden fühlen. Möglich wäre, dass Sie Ihre Leidenschaft noch nicht gefunden beziehungsweise auf dem Weg Ihres Lebens irgendwo verloren haben. Versuchen Sie, sie wiederzufinden!

Mir persönlich hat es geholfen, mich zu fragen, was ich als Kind geliebt habe. Womit habe ich meine Tage verbracht, als ich klein war? Was wollte ich unbedingt lernen? Ich kann mich erinnern, dass ich damals in die Freundschaftsbücher meiner Klassenkameraden als Berufswunsch „Autorin und Dolmetscherin" geschrieben habe. Ich habe es geliebt, eigene kleine Bücher zu schreiben und Bilder dazu zu malen. Und es faszinierte mich, Fremdsprachen zu lernen. Irgendwann habe ich diese Liebe verloren – ich habe aufgehört zu schreiben und mich nach der Schule für ein naturwissenschaftliches Studium entschieden. Und erst als ich merkte, dass ich das eigentlich gar nicht will und mich nur in eine Rolle hineinzwänge, habe ich meine Liebe zum Schreiben wiederentdeckt – und nun lesen Sie dieses Buch von mir.

Vielleicht finden Sie auch etwas Derartiges, wenn Sie eine Reise in Ihre Kindheit zurück unternehmen. Fragen Sie Ihre Eltern oder großen Geschwister, was Sie immer werden wollten. Es heißt nicht gleich, dass Sie das dann zu Ihrem Beruf machen müssen. Aber vielleicht ist es schön, einem alten Hobby wieder nachzugehen – ohne Leistungsdruck, ohne Erwartungen, einfach nur der Sache wegen.

Aufgabe

Nachdem Sie das Unterkapitel zur Selbstfürsorge und dem Erkennen des eigenen Selbst gelesen haben, nehmen Sie sich bitte einen Stift und einen Zettel in die Hand und gönnen Sie sich ein paar Minuten Zeit, um folgende Fragen zu beantworten:

1. Welche Werte machen Sie aus und warum?

2. Welche Leidenschaft haben Sie und warum?

3. Was können Sie tun, um mehr nach Ihren Werten zu handeln und Ihre Leidenschaften gezielt auszuüben? Wie können Sie diese in Ihren Alltag integrieren?

DIE SACHE MIT DEM SELBSTBEWUSSTSEIN

Unser größter Kritiker sind wir selbst. Wir stellen hohe Ansprüche an uns, denken, wir müssten alles besser machen als alle anderen, gestehen es uns nicht zu, Fehler zu machen, und sind frustriert, wenn wir diesen Ansprüchen nicht genügen können. Auf Dauer zerstört das unser Selbstbewusstsein. Wir hegen und pflegen unsere Selbstzweifel und verstärken sie immer mehr, sind unsicher und ängstlich.

Dabei ist das Selbstbewusstsein der Schlüssel zu unserer Authentizität. Wir müssen unseren eigenen Wert kennen, müssen uns dessen bewusst sein, was wir können, was unsere Stärken und unsere Schwächen sind, welche Fehler und Makel wir haben, und gleichzeitig wissen, dass wir unser Bestes geben, sie zu ändern. Wir machen es uns schwer, selbstbewusst zu sein, weil wir immer wieder vergleichen, was andere haben und können und was wir selbst haben und können. Und auch diese Welt macht es uns schwer, denn überall, in der Werbung, in Magazinen und auf allen möglichen sozialen Medien, werden wir mit anderen konfrontiert, die es vermeintlich besser getroffen haben als wir. Alle scheinen größer, schöner, dünner, erfolgreicher, reicher und besser zu sein. Wir fühlen uns dadurch klein und werden noch unsicherer.

Sie wollen gern Selbstfürsorge üben. Sie wollen sich selbst zufriedener machen. Der wichtigste Aspekt dabei ist, dass Sie sich selbst treu bleiben, also authentisch und echt. Und um das zu können, brauchen Sie genügend Selbstbewusstsein, um sich damit in die Welt zu wagen. Wenn Sie authentisch sind, Ihre echten Emotionen und Gefühle zeigen, machen Sie sich auch verletzlich. Sie zeigen offen Ihre Schwachstellen, Ihre emotionalen Wunden, in die andere Salz streuen können, wenn sie wollen. Sie setzen sich der Gefahr aus, dass jemand Ihnen andere Gefühle entgegenbringt als Sie ihm und dass er sie verletzt.

Und auch wer ein gesundes Selbstbewusstsein hat, kennt die Angst, dass seine Gefühle nicht ernst genommen oder nicht erwidert werden. Der

Unterschied ist, dass selbstbewusste Menschen das Risiko trotzdem eingehen und ihre Gefühle offen zeigen, weil sie wissen, dass sie stark genug sind, diese mögliche Ablehnung auszuhalten. Sie wissen, dass wenn ein anderer sie verletzt, sie einige Zeit getroffen und traurig sein werden, aber dass diese Zeit vorbeigehen wird und sie die Kraft haben, sich selbst wieder aus dem Schlamm zu ziehen. Sie versinken nicht in einem Moor aus negativen Gefühlen, sondern wissen, wie sie ihre Gefühle verarbeiten können.

Wenige Menschen haben ein so gesundes Selbstbewusstsein, dass sie immer und überall authentisch sein können. Das muss aber auch nicht Ihr Anspruch sein. Wäre er das, würden Sie schon wieder zu hohe Erwartungen an sich selbst stellen.

Selbstbewusstsein aufzubauen, ist ein Prozess. Sie werden nicht eines Tages aufwachen und keine Unsicherheiten mehr verspüren. Versuchen Sie, jeden Tag ein Stückchen weiterzugehen, jeden Tag ein bisschen besser zu werden. Sie werden merken, wenn Sie einmal angefangen haben und kleine Erfolgserlebnisse hatten, werden diese Sie motivieren, das nächste Mal noch ein bisschen authentischer und selbstbewusster zu sein.

Fangen Sie mit kleinen Herausforderungen an. Überlegen Sie sich, in welchen Situationen Sie sich unsicher fühlen, wann es Ihnen an Selbstvertrauen fehlt. Versuchen Sie, sich jeden Tag in eine solche Situation zu begeben und in dieser Situation für sich einzustehen.

Vielleicht erinnern Sie sich zurück an das Beispiel Ihrer Mutter, die Ihnen immer in die Erziehung Ihres Kindes hineinredet. Sie trauen sich nicht, etwas dagegen zu sagen, denn Sie lieben Ihre Mutter, Sie freuen sich auch, dass sie so viel Interesse an ihrem Enkelkind zeigt, und Sie wissen auch, dass Ihre Mutter es nur gut meint. Dennoch widerspricht ihr Erziehungsstil dem Ihren. Sind Sie das nächste Mal in einer solchen Situation, sagen Sie Ihrer Mutter einmal ruhig, dass Sie wissen, was Sie tun. Zeigen Sie ihr, dass Sie die Situation mit Ihrem Kind im Griff haben und dass es nicht nötig ist, dass sie Ihnen zur Seite steht. Sie zeigen damit einerseits

Ihrer Mutter eine Grenze auf, die sie respektieren muss, und andererseits holen Sie sich die Autorität Ihrem Kind gegenüber zurück. Beide werden Ihnen mehr Respekt entgegenbringen – und Sie werden sehen, dass es gar nicht so schlimm ist, für sich selbst einzustehen. Es fühlt sich gut an, man selbst zu sein. Man fühlt sich stark und unabhängig. Und je öfter man etwas Derartiges tut, desto leichter wird es Ihnen fallen. Jedes Mal ein bisschen mehr!

Es ist für Ihr Selbstvertrauen unglaublich wichtig, dass Sie selbst wissen, was Sie können und was nicht. Haben Sie schon mal versucht, sich kritisch und objektiv mit Ihren Stärken und Schwächen auseinanderzusetzen?

Meistens vergleichen wir uns mit Menschen, bei denen wir das Gefühl haben, sie wären in einer bestimmten Sache besser als wir, und wir vergessen dabei, dass es genügend Menschen gibt, die vieles sehr viel schlechter können als wir. Als Beispiel: Sind Sie im Schwimmen Durchschnitt, gibt es auf der Welt immer noch 3,5 Milliarden Menschen, die schlechter als Sie schwimmen können. Aber darüber denken wir fast nie nach, wir sehen immer nur die 3,5 Milliarden, gegen die wir keine Chance haben. Dieses Phänomen bezeichnet man in der Psychologie als selektive Wahrnehmung: Wir bemerken immer nur das, was unsere These (in dem Fall unsere Selbstzweifel) stützt, nie das, was sie widerlegt. Dabei wäre es wichtiger, das Negative auszublenden und uns auf das Positive zu konzentrieren, auf das, was uns ein gutes Gefühl gibt.

Abgesehen davon ist es gar nicht so wichtig, was wir im Vergleich zu anderen gut können. Viel mehr zählt das, wovon wir selbst überzeugt sind, es gut zu können. Oft ist es nämlich auch eine Frage des Geschmacks: Ein Musiker kann davon überzeugt sein, der Beste auf der Welt zu sein, auch wenn der Rest der Menschen seine Musik nicht mag. Ihm selbst gefällt sie offenbar sehr, und das ist alles was zählt.

Schreiben Sie sich doch einmal alles auf, was Sie gut können. Sowohl die Dinge, bei denen Sie Bestätigung von innen heraus verspüren, als auch diejenigen, die Sie von außen bestätigt bekommen. Das müssen nicht nur objektivierbare Dinge sein. Auch abstrakte Fähigkeiten sollten Sie dazuschreiben. Vielleicht können Sie gut zuhören? Gut Menschen überzeugen? Vielleicht sind Sie besonders tolerant oder besonders verständnisvoll. Vielleicht sind Sie eine gute Mutter, eine gute Schwester oder eine gute beste Freundin, ein guter Autofahrer, ein guter Koch oder ein guter Bastler.

Und dann schreiben Sie einmal die Dinge auf, die Sie nicht so gut können, bei denen Sie Ihre Schwächen sehen. Vielleicht sind Sie zu streng mit Ihren Kindern, aber können es nicht abschalten, sind manchmal besserwisserisch oder zu schnell eingeschnappt. Vielleicht können Sie nicht gut kochen, nicht gut malen oder nicht singen. Was fällt Ihnen dazu ein? Notieren Sie es sich.

Vergessen Sie dabei nicht, dass alles was wir nicht so gut können, eine reine Momentaufnahme ist. Wir können alles lernen, wirklich alles, wenn wir genügend Motivation und Willen dafür aufbringen. Das ist unsere große Stärke als Mensch: Wir sind in der Lage, uns unsere Schwächen bewusst zu machen und sie dann zu verändern - auch, wenn es ein langer Weg sein kann. Manchmal helfen uns unsere Talente, manchmal nicht. Glauben Sie daran, dass Sie sich ändern können und dass Sie alles lernen können! Nichts ist zu schwer, wenn Sie sich genügend Zeit geben.

Tun Sie Dinge, bei denen Sie sich sicher fühlen, um Ihr Selbstwertgefühl zu steigern, aber holen Sie sich auch mal aus Ihrer Komfortzone heraus. Sie wachsen nur, wenn Sie sich herausfordern. Wer immer tut, was er schon kann, bleibt immer das, was er schon ist! Vergessen Sie das nicht!

Aufgabe

Nachdem Sie das Unterkapitel zur Selbstfürsorge und zum Selbstbewusstsein gelesen haben, nehmen Sie sich bitte einen Stift und einen Zettel in die Hand und gönnen Sie sich ein paar Minuten Zeit, um folgende Fragen zu beantworten:

1. Sind Sie bereits selbstbewusst?

2. In welchen Belangen sind Sie noch unsicher und trauen sich nicht, für sich selbst zu sprechen?

3. Wie können Sie sich im Alltag selbst herausfordern, um sich aus Ihrer Komfortzone herauszuholen? Was können Sie tun, um Ihr Selbstbewusstsein von innen heraus zu stärken?

IHRE ZEIT FÜR SICH

Jeder Mensch braucht Zeit für sich. Es ist wohl das, was einem als Erstes in den Sinn kommt, wenn man an Selbstfürsorge denkt: Zeit für sich allein zu nehmen, die Gedanken treiben zu lassen, in sich selbst zur Ruhe zu kommen und Kraft zu tanken. Einfach zu tun, wonach einem ist, ohne Termine, ohne Druck, ohne Erwartungen. Vielleicht denken Sie an einen Wellnesstag im Spa, an eine Wanderung oder einfach nur einen Tag auf dem Sofa. Vielleicht genießen Sie gern die Stille bei einem Waldspaziergang, vielleicht sind Sie jemand, der gern lange Autofahrten unternimmt oder sich an den Strand legt.

Obwohl es das Erste ist, was einem zur Selbstfürsorge einfällt, ist es trotzdem das letzte Kapitel in diesem Ratgeber, weil es auch einer der elementarsten Punkte in der Selbstfürsorge ist und alle anderen Kapitel mit ihren Tipps und Tricks letztlich die Basis für die Umsetzung dieses Aspekts legen.

Hand aufs Herz: Wie oft nehmen Sie sich wirklich bewusst Zeit für sich allein, in der Sie entspannen können? Sicherlich, auch im Alltag sind wir immer wieder allein. Doch viel zu oft ist auch diese Zeit gefüllt mit Aufgaben, die es zu erledigen gilt. Während Sie mittags das Essen für die Familie kochen, sind Sie vielleicht allein im Haus, weil Ihre Kinder noch nicht von der Schule zurück sind, aber wahrscheinlich beschäftigt es Sie in Gedanken bereits, was der Nachmittag noch so bringen wird. Im Auto sind

Sie allein, aber überlegen unterdessen, was Sie beim nächsten Termin erwartet. Und nicht einmal abends auf dem Sofa sind Sie wirklich präsent und auf sich selbst fokussiert, weil Ihre Aufmerksamkeit dem Fernseher oder Ihrem Handy gilt.

Unsere Welt ist so voller Ablenkung und Bewegung, dass wir das Gefühl bekommen, abgehängt zu werden, wenn wir nicht immerzu mit ihr mitrennen. Wir haben Angst, etwas zu verpassen, wenn wir nicht immerzu erreichbar und online sind. Es ist, als würde uns die Zeit davonlaufen, wenn wir sie nicht immerzu im Blick haben.

Zeit ist ein Konstrukt, das wir Menschen uns aufgebaut haben, um Ordnung in eine Welt voller Chaos zu bringen. Ein kleiner Exkurs: Es ist die Relativitätstheorie nach Einstein, die besagt, dass die Zeit, wie wir sie definieren, nicht existiert – es kommt immer auf den Bezugspunkt an. Das bedeutet, dass für uns die Zeit, wie wir sie kennen, real erscheinen mag, aber würde man einen anderen Bezugspunkt wählen, würde sie langsamer oder schneller vergehen.

Es ist eine raffinierte, kleine Theorie, die Einstein da aufgestellt hat, die aber für uns eine wichtige Lehre beinhaltet (auch, wenn wir die Theorie nicht in allen Einzelheiten verstehen sollten): Ihre Zeit hat einen Bezugspunkt – und der sind Sie selbst. Ihre Welt dreht sich um Sie, Sie kennen nur die Welt, wie Sie sie erleben. Und noch etwas Interessantes gibt die Relativitätstheorie her, nämlich dass durch die unterschiedlichen Bezugspunkte alle Zustände gleichzeitig existieren. Das bedeutet, dass Vergangenheit, Gegenwart und Zukunft in einem Raum-Zeit-Kontinuum genau jetzt vorliegen, in dem Sie diese Zeilen lesen.

Ich möchte mit Ihnen auf keinen Fall zu sehr in die Welt der theoretischen Physik abtauchen, dazu kenne ich mich selbst nicht genug damit aus, aber ich möchte Ihnen verdeutlichen, dass sich sogar mithilfe der Wissenschaft erklären lässt, dass Zeit ein theoretisches Konstrukt und Vergangenheit sowie Zukunft reine Fantasie sind, um uns das Leben, wie wir es kennen, zu erleichtern. Das Einzige, was wirklich existiert, ist das Jetzt, die Gegenwart, der präsente Moment.

Unsere Vergangenheit ist das, was unser Gehirn uns vorgaukelt. Was gewesen ist, hat kaum etwas mit dem zu tun, woran Sie sich erinnern, was also für Sie die wahre Vergangenheit ist. Ihre Erlebnisse sind eingefärbt durch Schlussfolgerungen, Missverständnisse und Fehlinterpretationen Ihres Unterbewusstseins. Sie existieren nur in Ihrem Kopf.

Genauso verhält es sich mit der Zukunft: Sie können sich Ihre Zukunft vorstellen, sie sich ausmalen und darauf hinarbeiten, aber sie existiert im gegenwärtigen Moment nicht. Was möchte ich Ihnen damit sagen? Die wertvollste Zeit ist die, die wir im Moment genießen. Wenn wir es schaffen, unser Gedankenkarussell zu stoppen, das immer damit beschäftigt ist, über die Vergangenheit nachzugrübeln und sich, um die Zukunft zu sorgen. Wir können nur das genießen und wertschätzen, was wir haben – und wir haben nichts anderes als das Jetzt. Es gibt keinen Trick, wie Sie immerzu im Hier und Jetzt bleiben können. Es ist eine Bewusstseinsübung, bei der Sie sich immer wieder ins Gedächtnis rufen, dass alle Probleme in der Zukunft gelöst werden und Sie in diesem Moment nichts tun können, außer präsent bei Ihrer Aufgabe zu sein. Kennen Sie diese Momente, wenn Sie sich selbst so treiben lassen, dass Sie hinterher nicht mehr beantworten könnten, was Sie gedacht haben? Das ist das Jetzt. Diesen Zustand sollten Sie suchen!

Die Welt wird nicht an Ihnen vorbeiziehen, wenn Sie sich einmal eine Pause gönnen. Sie werden nicht abgehängt, Sie bleiben nicht auf der Strecke, Sie verpassen nichts. Ihre Welt dreht sich in Ihrem Tempo weiter – Sie steigen genau dort wieder ein, wo Sie zuvor ausgestiegen sind. Deshalb gönnen Sie sich Ihre Zeit für sich, ohne sich Sorgen zu machen. Die meisten „Notfälle“ der Welt da draußen sind gar keine.

Am Anfang des Buches haben wir gesagt, Selbstfürsorge ist alles, was wir tun, um unser körperliches und geistiges Wohlbefinden zu verbessern. Und der essenzielle Bestandteil dafür ist, sich Zeit für sich selbst zu nehmen.

Wie können Sie aber in einer so hektischen Welt regelmäßig diese Zeit finden?

All die Kapitel, die Sie bereits gelesen haben, finden sich in diesem noch einmal wieder. Wenn Sie Selbstfürsorge praktizieren wollen, ist das Wichtigste, das Sie lernen müssen, auf Ihre Bedürfnisse zu hören und diesen nachzukommen. Dafür müssen Sie lernen, Grenzen zu setzen. Wir haben bereits darüber gesprochen, wie Sie Grenzen in Ihren Beziehungen zu anderen Menschen oder bei Ihren Pflichten setzen können, wie Sie lernen können, auf Ihren Körper zu hören und Ihre Emotionen zu verarbeiten. Das Schwierigste, was Sie lernen müssen, ist aber, sich selbst Grenzen zu setzen, denn um Zeit für sich selbst zu finden, ist das ein unerlässlicher Faktor.

Wir sind immer wieder versucht, vor uns selbst davonzulaufen. Wir lenken uns selbst ab, bombardieren uns mit Input aus allen möglichen Geräten, können Stille nicht mehr ertragen. Die Reizüberflutung in dieser Welt hat dazu geführt, dass Ruhe uns langweilt oder gar ängstigt, weil wir unsere eigenen Gedanken nicht mehr ertragen. Da ist es leichter, sich den ganzen Tag durchs Fernsehen, Radio oder Handy berieseln zu lassen, um uns bloß nicht mit uns selbst auseinandersetzen zu müssen.

Erst wer Stille im Kopf erlebt hat, weiß sie zu schätzen. Aber um diese Erfahrung zu machen, müssen wir uns am Anfang zwingen, all diese Ablenkungen (zumindest für eine gewisse Zeit) aus unserem Leben zu verbannen.

Machen Sie einen Termin mit sich selbst aus. Einen Termin für Ihre Zeit für sich. Fühlen Sie in sich hinein, welcher Zeitpunkt für Sie gut passen könnte - für manche Menschen ist es der Morgen, für manche der Abend, für manche auch nachts – an dem Sie Ihre Zeit für sich am meisten genießen können. Es muss gar nicht viel Zeit sein, manchmal reichen sogar fünf oder zehn Minuten, aber versuchen Sie, eine Regelmäßigkeit für sich zu finden. Schalten Sie alle Ablenkungen für diese Zeit ab und legen Sie sie außer Reichweite. Es ist ein Moment für Sie allein.

Lernen Sie wieder, allein zu sein! Es kann nicht immer jemand für Sie da sein und so soll es auch gar nicht sein. Allein zu sein, bedeutet nicht, einsam zu sein. Einsamkeit ist sicher etwas Schreckliches, es ist traurig, wenn ein Mensch das Gefühl hat, verlassen zu sein. Besinnen Sie sich darauf, dass Sie Menschen haben, denen Sie etwas bedeuten, denen Sie nicht egal sind. Diese Menschen sorgen sich um Ihr Wohlergehen, aber sie können nicht jede Sekunde mit Ihnen verbringen. Es zeugt von Kraft und Stärke, wenn Sie allein sein können.

Für mich persönlich ist der perfekte Moment, wenn ich morgens auf dem Spaziergang mit meinem Hund bin. Ich suche mir einen ruhigen Ort mit einem schönen Ausblick, mal über einen See, mal mitten im Wald, und setze mich für wenige Minuten hin. Und ich bin still. Ich höre dann nur auf die Geräusche in der Umgebung, sehe in die Ferne und lasse mich treiben, wohin es mich heute zieht. Oft fühlt es sich dann so an, als wären die Geräusche des Waldes in meinem Kopf, sie füllen mich dann aus, geben der Stille in meinem Kopf einen Klang.

Das muss für Sie nicht funktionieren. Versuchen Sie, Ihre Zeit für sich zu finden. Es kann überall und zu jeder Zeit sein. Und ich bin mir sicher, dass es den perfekten Zeitpunkt für Sie gibt.

Nicht wenigen Menschen geht es in diesen Momenten so, dass ihre Gedanken nicht aufhören wollen, zu kreisen. Immer wieder drängelt sich der Verstand zwischen sie und ihre Zeit für sich. Gehören auch Sie zu den Menschen, denen das so ergeht, können Sie versuchen, durch bestimmte Tricks Ihre Gedanken zu lenken – und zwar auf schöne Dinge.

Unser Gehirn arbeitet ähnlich einer Suchmaschine im Internet. Wir suchen nach bestimmten Begriffen, klicken dann bestimmte Treffer an und die Server merken sich das. Das nächste Mal, wenn wir die Suchmaschine nutzen, werden uns bereits vorausgewählte, gefilterte Ergebnisse zur Verfügung gestellt, basierend auf den Informationen, die wir durch unsere letzte Wahl dagelassen haben. Auch unser Gehirn ist darauf gepolt, uns auf unsere Pflichten und Aufgaben hinzuweisen, kaum dass wir es nutzen.

Doch wir können die Ergebnisse beeinflussen, die wir von unserem Verstand ausgespuckt bekommen, indem wir bewusst nach neuen Begriffen suchen. In dem Fall wollen wir unser Gehirn darauf trainieren, auch öfter mal in einen entspannten, inspirativen Modus zu wechseln und nicht immer im Arbeitsmodus zu verharren. Wir wollen, dass es uns positive Ergebnisse liefert, wenn wir sie brauchen. Dies können wir erreichen, indem wir in unserer Zeit für uns bewusst Dankbarkeit praktizieren.

Inzwischen gibt es sogar sogenannte Dankbarkeitstagebücher, die uns jeden Tag dieselbe oder unterschiedliche Fragen stellen, die unsere Aufmerksamkeit auf die schönen Dinge im Leben lenken sollen. Wir werden aufgefordert, jeden Tag eine Zeile über die Dinge zu schreiben, die gerade besonders gut laufen oder für die wir dankbar sind. Sie brauchen sich nicht extra ein solches Buch anzuschaffen, wenn Sie das nicht mögen. Schreiben Sie es in ein normales Notizbuch, sprechen Sie es laut aus, erzählen Sie es Ihrem Partner oder Ihrem Haustier, nehmen Sie es mit einem Diktiergerät auf oder denken Sie einfach ganz bewusst daran. Egal, Hauptsache, Sie fühlen sich wohl mit Ihrer Methode.

Das Schöne daran, wenn Sie es sich aufschreiben, ist, dass Sie es in ein paar Tagen oder Wochen noch einmal lesen können. Es wird Ihnen viel Positivität schenken, wenn Sie ein Notizbuch voller positiver Gedanken haben. Nehmen Sie es heraus, wenn Sie sich einmal schlecht fühlen – Sie haben dort schwarz auf weiß stehen, wie viel Schönes Sie haben.

Auch positive Affirmationen können Ihnen helfen. Affirmationen sind Glaubenssätze, die Sie in sich tragen und die Ihnen Ihr Leben entweder enorm erleichtern oder erschweren können. Sie sind eine Summe aus Ihrer Erziehung, Ihrer Erfahrung und Ihrem Selbstwertgefühl.

Viele Glaubenssätze, die in uns präsent sind, sind negativ, also Sätze wie „Ich kann das nicht“ oder „Ich bin nicht genug“. Sie sind für uns viel eindrucksvoller, weil sie uns davon abhalten, Dinge zu tun, uns etwas zuzutrauen, uns einfach davon abhalten, authentisch und echt zu sein. Auch hier greift wieder die Änderung im Algorithmus, wenn wir uns entscheiden, unsere Suchmaschine im Gehirn auf die positiven statt auf die negativen Affirmationen zu lenken.

Finden Sie heraus, welche positiven Affirmationen in Ihnen stecken! Und welche haben Sie noch nicht verinnerlicht, würden sie aber gern tragen? **Einige Beispiele für positive Affirmationen wären:**

- Ich liebe mich, so, wie ich bin.
- Ich kann alles schaffen, was ich mir vornehme.
- Ich gebe jeden Tag mein Bestes.
- Ich werde jeden Tag selbstbewusster.
- Ich kann für mich selbst einstehen.
- Ich bin einzigartig.
- Ich werde bedingungslos geliebt.
-

Auch diese können Sie in Ihr Notizbuch für positive Gedanken schreiben. Seien Sie kreativ! Lassen Sie sich nicht einschränken in Ihrem Notizbuch, schreiben Sie einfach alles auf, was Ihnen an guten Dingen einfällt. Wenn Sie einmal damit angefangen haben, werden Sie merken, Ihr Leben ist voll davon!

Das Wichtigste an der Zeit für sich selbst ist, dass es wirklich Zeit für Sie selbst ist.

Lassen Sie sich nicht in irgendwelche Muster pressen. Sie müssen Ihre Zeit mit sich selbst verbringen und Sie sollten sie sich so schön wie möglich machen. Hören Sie auf sich selbst! Sie haben im Laufe dieses Ratgebers gelernt, Ihre Bedürfnisse wahrzunehmen. Handeln Sie entsprechend!

Am Ende sind es Sie allein, der Sie glücklich machen kann. Niemand anderes kennt Sie so gut, wie Sie sich selbst kennen.

Aufgabe

Nachdem Sie das Unterkapitel zur Selbstfürsorge und Zeit für sich nehmen gelesen haben, nehmen Sie sich bitte einen Stift und einen Zettel in die Hand und gönnen Sie sich ein paar Minuten Zeit, um folgende Fragen zu beantworten:

1. Wann hatten Sie das letzte Mal bewusst Zeit für sich, in der Sie nur getan haben, was Sie wollten?

2. Wenn Sie die perfekte Zeit für sich planen müssten: Wann wäre das und wie würde sie aussehen?

3. Wie können Sie konkret Zeit für sich in Ihren Alltag integrieren? Und was können Sie dafür tun, dass Sie sie sich auch wirklich nehmen (können)?

Bonus – Ihr Vier-Wochen-Plan zur Selbstfürsorge

Selbstfürsorge zu etablieren, ist kein Selbstläufer. Es ist Arbeit!

Es sollte Ihnen bewusst sein, dass es auch noch Arbeit sein wird, wenn Sie Ihre Routine aufgebaut haben, denn Sie müssen sie auch nachhaltig aufrechterhalten können. Machen Sie sich immer wieder bewusst, wofür Sie das alles tun: Für sich selbst und für Ihr Glück.

Leider ist es nicht möglich, jeden einzelnen Aspekt der Selbstfürsorge mit der Hingabe zu beleuchten, wie er es verdient hätte. Dafür ist es einfach zu viel. Ich musste mich auf einige Punkte konzentrieren, die ich persönlich für wesentlich halte, und ich hoffe, dass ich Ihnen einige Denkanstöße und Ideen geben konnte, wie Sie mehr Achtsamkeit und Selbstfürsorge in Ihr Leben integrieren können.

Zum Schluss ist es mir wichtig, Ihnen noch einen Fahrplan mitzugeben, den Sie in der nächsten Zeit umsetzen können. Er soll Ihnen helfen, Ihre Routine zu finden, diese aufzubauen und nachhaltig aufrechtzuerhalten. Routinen zu ändern und zu erneuen ist schwierig – und häufig von Misserfolgen gekrönt, wenn wir uns zu viel auf einmal zumuten.

Deshalb halte ich es für sinnvoll, Ihre Routine in kleinen Schritten über mehrere Wochen aufzubauen. So können Sie langsam, aber stetig neue Aufgaben der Selbstfürsorge in Ihren Alltag integrieren und Sie werden nicht überfordert. Sie setzen sich Ziele für eine Woche, reflektieren am Ende der Woche und Sie können sie anpassen oder beibehalten.

Im Laufe dieses Ratgebers haben Sie eine Menge aufgeschrieben und nachgedacht. Sie haben bereits viel über Ihre Situation reflektiert und Entwürfe aufgestellt, wie Sie Dinge verändern können. Nehmen Sie sich Ihre Notizen jetzt zur Hand und lesen Sie sie erneut durch, um Ihre Gedanken aufzufrischen. **Bitte ordnen Sie Ihre Notizen jetzt den fünf Ebenen zu:**

- Die Körperebene
- Die Gefühlsebene
- Die Beziehungsebene
- Die Pflichtebene
- Die Authentizitätsebene

Jetzt sollten Sie fünf Stapel mit Reflexionen und Ideen vor sich liegen haben.

Jede Woche suchen Sie sich nun eine kleine Aufgabe aus jeder Ebene aus. Diese Aufgabe setzen Sie sich als Wochenziel, das Sie zu erreichen versuchen.

Solche Ziele könnten wie folgt aussehen:

- **Körperebene**: Ich absolviere diese Woche zweimal ein zehnminütiges Home-Work-out auf YouTube.
- **Gefühlsebene**: Ich sage diese Woche einer Person, was ich für sie fühle.
- **Beziehungsebene**: Ich rufe diese Woche eine Person an, die mir wichtig ist und mit der ich schon lange nicht mehr gesprochen habe.
- **Pflichtebene**: Ich sage diese Woche zu einer Sache nein, die ich nicht machen möchte.
- **Authentizitätsebene**: Ich nehme mir diese Woche einmal Zeit für mich ohne Ablenkung.

Schreiben Sie sich diese Wochenaufgaben auf ein Blatt Papier und deponieren Sie es irgendwo, wo Sie es regelmäßig sehen können. Am Kühlschrank, am Badezimmerspiegel, neben Ihrem Bett, im Auto, an

Ihrem Schreibtisch, in Ihrem Kalender. Egal wo, es muss nur immer wieder gut sichtbar für Sie sein.

Und dann versuchen Sie, diese Woche alle Aufgaben zu erfüllen. **Fangen Sie mit kleinen Herausforderungen an und arbeiten Sie sich vor zu den großen.**

Jeweils nach einer Woche reflektieren Sie darüber, wie die Aufgaben in der vergangenen Woche gelaufen sind, ob es Sie viel Kraft gekostet hat und was Sie in der nächsten Woche anders machen würden. Außerdem setzen Sie sich in der kommenden Woche neue Aufgaben, die Sie dann erledigen. Bauen Sie so über vier (oder mehr) Wochen Schritt für Schritt eine Routine auf. Probieren Sie aus, was Ihnen guttut und was Ihnen nicht liegt.

Sie werden merken, wie schnell Ihnen neue Gewohnheiten in Fleisch und Blut übergehen. Sie werden nicht mehr viel darüber nachdenken müssen, sondern automatisch mehr Selbstfürsorge integrieren. Verzagen Sie nicht! Aller Anfang ist schwer. Tun Sie es für sich! Wenn jeder nur ein wenig an sich selbst denkt, ist an alle gedacht.

Quellenverzeichnis

- https://www.springermedizin.de/burn-out/warum-es-sich-lohnt-gut-fuer-sich-zu-sorgen/15901066
- https://de.statista.com/statistik/daten/studie/239872/umfrage/arbeitsunfaehigkeitsfaelle-aufgrund-von-burn-out-erkrankungen/
- https://link.springer.com/article/10.1007/s00103-010-1184-y
- https://link.springer.com/chapter/10.1007/978-3-642-54573-3_54
- https://www.amboss.com/de/wissen/Nozizeptives_System/
- https://www.pharmazeutische-zeitung.de/ausgabe-072013/wenn-krankenhaus-krank-macht/
- https://www.spiegel.de/gesundheit/ernaehrung/who-erwachsene-brauchen-mindestens-21-minuten-bewegung-pro-tag-neue-empfehlungen-a-5db0cf79-8aea-4408-9ebb-5ae267fa9c7f
- https://www.oberbergkliniken.de/artikel/gesunde-ernaehrung-und-depression
- https://www.geo.de/magazine/geo-kompakt/1198-rtkl-psyche-leseprobe-wie-essen-unser-fuehlen-bestimmt
- https://sportaerztezeitung.com/rubriken/ernaehrung/2592/regenerationsernaehrung/
- https://www.quarks.de/gesundheit/schlafentzug/
- https://www.laekh.de/heftarchiv/ausgabe/artikel/2021/mai-2021/schlaf-schlaflosigkeit-und-depression
- https://www.neurologen-und-psychiater-im-netz.org/psychiatrie-psychosomatik-psychotherapie/news-archiv/meldungen/article/studie-schlaf-und-laengere-bettzeit-koennen-depressive-symptome-verschlechtern/
- https://www.affektblog.de/emotionen-und-gefuehle-wo-ist-eigentlich-der-unterschied/
- https://www.dasgehirn.info/denken/emotion/auf-der-spur-der-gefuehle
- https://www.oberbergkliniken.de/artikel/die-macht-von-unterdrueckten-gefuehlen-wie-sich-innere-wut-auf-die-psychische-gesundheit-auswirken-kann
- https://www.management-circle.de/blog/7-basisemotionen-erkennen/
- https://www.oberbergkliniken.de/artikel/die-macht-von-unterdrueckten-

gefuehlen-wie-sich-innere-wut-auf-die-psychische-gesundheit-auswirken-kann

- https://www.logopaedie-praxis-hannover.de/sprachentwicklung-ein-ueberblick/
- https://www.kindergesundheit-info.de/themen/entwicklung/0-12-monate/bindung/
- https://www.eric-hegmann.de/blog/online-kurs/welche-der-5-sprachen-der-liebe-sprechen-sie/
- http://www.allgemeine-psychologie.info/wp/wp-content/uploads/2019/03/03_hacker.pdf
- http://www.allgemeine-psychologie.info/wp/wp-content/uploads/2019/03/03_hacker.pdf
- https://www.netdoktor.de/krankheiten/burnout/
- https://www.planet-wissen.de/natur/forschung/chemie_im_alltag/pwiechemiederliebe100.html
- https://resilienz-akademie.com/wiki/authentizitaet/
- https://www.welt.de/kmpkt/article181451718/Die-Relativitaetstheorie-kurz-und-kmpkt-erklaert.html

Wir danken Ihnen für Ihr Interesse und Ihr Vertrauen. Als Dankeschön dafür, haben wir eine besondere Überraschung. Wir haben einen **ultimativen Guide, um ein „neuer" Mensch zu werden - Inklusive 30 Tage Challenge, um alte Gewohnheiten abzulegen.** Und diesen erhalten Sie vollkommen kostenlos. Das klingt wunderbar? Dann warten Sie nicht lange und holen Sie sich Ihr Gratis-Geschenk.

Hier geht es zu Ihrem Gratis-Geschenk:

https://forms.gle/mocvT7uQ4qLRyAta8

1. **Öffnen Sie die Kamera-App auf Ihrem Smartphone und richten Sie die Kamera auf den QR-Code.**
2. **Klicken Sie auf den Link, der Ihnen angezeigt wird und schon werden Sie zur Website weitergeleitet.**

Impressum

Herausgeber: Pegoa Global Media GmbH / Am Sandtorkai 27 / 20457 Hamburg
Kontakt: kontakt@pegoamedia.de
Coverbild: Shutterstock

Haftungsausschluss:
Die Nutzung dieses Buches und die Umsetzung der enthaltenen Informationen, Anleitungen und Strategien erfolgt auf eigenes Risiko. Der Autor kann für etwaige Schäden jeglicher Art aus keinem Rechtsgrund eine Haftung übernehmen. Haftungsansprüche gegen den Autor für Schäden materieller oder ideeller Art, die durch die Nutzung oder Nichtnutzung der Informationen bzw. durch die Nutzung fehlerhafter und/oder unvollständiger Informationen verursacht wurden, sind grundsätzlich ausgeschlossen. Rechts- und Schadenersatzansprüche sind daher ausgeschlossen. Dieses Werk wurde sorgfältig erarbeitet und niedergeschrieben. Der Autor übernimmt jedoch keinerlei Gewähr für die Aktualität, Vollständigkeit und Qualität der Informationen. Druckfehler und Falschinformationen können nicht vollständig ausgeschlossen werden. Es kann keine juristische Verantwortung sowie Haftung in irgendeiner Form für fehlerhafte Angaben vom Autor übernommen werden. Die bereitgestellten Analysen, Vorschläge, Ideen, Meinungen, Kommentare und Texte sind ausschließlich zur Information bestimmt und können ein individuelles Beratungsgespräch nicht ersetzen. Alle Informationen dieses Buches entsprechen dem Kenntnisstand zum Zeitpunkt des Verfassens dieses Buches. Eine Haftung für mittelbare und unmittelbare Folgen aus den Informationen dieses Buches ist somit ausgeschlossen.
Informieren Sie sich weitläufig aus unterschiedlichen Quellen und bedenken Sie, dass am Ende nur Sie für die Entscheidungen verantwortlich sind.

Haftung für externe Links:
Unser Angebot enthält Links zu externen Websites Dritter, auf deren Inhalte wir keinen Einfluss haben. Deshalb können wir für diese fremden Inhalte auch keine Gewähr übernehmen. Für die Inhalte der verlinkten Seiten ist stets der jeweilige Anbieter oder Betreiber der Seiten verantwortlich. Die verlinkten Seiten wurden zum Zeitpunkt der Verlinkung auf mögliche Rechtsverstöße überprüft. Rechtswidrige Inhalte waren zum Zeit-punkt der Verlinkung nicht erkennbar.